人がテレビに出ようものならば、GIDであることがばれてしまいますからね。ふつうに生活して、ふつうに仕事してふつうに恋愛して。そんな平穏無事な生活はメディアに出てしまえばなくなってしまいます。だから、GIDの人々はみんなカメレオンのように社会にふつうに溶け込んで生活しているのです。別に「GIDです！」「セクシュアルマイノリティです！」「ゲイです！」なんて主張しながら働いたりはしていません。「カミングアウト」ではなく、「カミングイン」しているんです。

そんな私も一〇代の頃は悩んで苦しかった時期もあります、だから「もしかしたら自分はゲイかも？ それとも性同一性障害ってやつなのかな？ 俺って変態なの？」とか悩んでしまっているアナタ！ レズビアンかも？ と悩んでいるアナタ！「うちの子、女の子なのに自分は男なんだって言い張るの。それってどういうこと？」と悩んでるご両親！ この本を通じて、少しでも今までの疑問をスッキリさせてもらえたり、セクシュアルマイノリティを身近に感じていただければいいな～と思います。

吉井奈々

まえがき

　この本は、「セクシュアリティ」に関する社会学的問題について、とりわけ「セクシュアルマイノリティ」について、社会学的な考察を試みようとするものです。元ニューハーフ、トランスセクシュアル（性転換者）でGID（性同一性障害）の吉井奈々が当事者の立場から、ヘテロセクシュアルの社会学者の鈴木健之が研究者の立場から、セクシュアルマイノリティの人々の世界を描き出します。

　でもこの本は難しい専門書ではありません。セクシュアリティ迷子（自分の性＝セクシュアリティに悩んでいる人）、とくに若い世代とその親御さんに読んでほしいと思っています。奈々さんと私の年齢差はちょうど二十歳。父と娘といった感じです。実際、私にも子どもが二人、息子と娘がいますが、息子から「ぼく、女の子になりたい」と言われたら、「えっ!」。ショックで言葉も出ないと思います。あるいは、娘に「私、レズビアンかも」と言われたら、「えっ!」ですよね。「ゲイ」、「レズビアン」、「トランスベスタイト」、「トランスジェンダー」、「トランスセクシュアル」、「GID」……。セクシュアルマイノリティの世界も多様で色々ですが、奈々さんと出会うまでは、正直言って私のなかでは、すべて「おかま」でした（ゴメンナサイ）。

これまで、奈々さんとの対話を通じて、セクシュアリティとセクシュアルマイノリティについて、色々なことを学びました。だから今では、もしも息子に「女の子になりたい」、あるいは娘に「レズビアンかも」と言われても、きちんと話を聞いてあげられると確信しています。

当事者のお父様、お母様がいらしたら、ご安心ください。あなたの息子さん、娘さんは自分の性＝セクシュアリティについて真剣に悩み考えているのです。大丈夫です。心配いりません。どうして、そんな風に言い切れるのかって？その答えはこの本にすべて書いてあります。

鈴木健之

目　次

セクシュアリティ・パラレルワールド

G.I.D. 実際 私はどっちなの!?

性同一性障害とセクシュアルマイノリティを社会学!

第1章

セクシュアリティの多様性

1．ヘテロセクシュアルとホモセクシュアル

最近はテレビや雑誌にニューハーフ、オカマ、ゲイ、オネエ※、性同一性障害、LGBT※等々……といろいろな**セクシュアリティ**※に関する単語やさまざまな**セクシュアリティ**の方が出てきていますが、「結局は何なんだ?」「オカマとニューハーフとの違いって何?」「ゲイって何?」とか、色々と疑問を抱えている方も多いと思うので、そのあたりからお話していきたいと思います。

まずは異性愛者。**ヘテロセクシュアル**。俗に言う**ノンケ**（そのケがない人）から。ちょっと面倒くさく言うと、染色体がXY〈男〉とXX〈女〉でお付き合いすること、愛し合う方々ですね。異性愛者とかヘテロセクシュアルって書くと長いし、かたい感じがするので、以下ノンケと書きます。

それとは逆に、同性愛者。**ホモセクシュアル**。ここで言うホモセクシュアルとは、男性同士、女性同士。染色体がXY〈男〉同士、XX〈女〉同士が愛し合うことですね。ゲイやレズ

※セクシュアリティ
性的特質や性的興味のこと。種々の呼称は、その用い方ひとつで誤解も招きやすいしトラブルの元にもなるから、使い方には注意してね。

※オネエ
一昔前は「おかま」、今は「セクシュアルマイノリティ」なんて言ったりして。

※LGBT（エル・ジー・ビー・ティー）
レズビアン・ゲイ・バイセクシュアル・トランスジェンダーの略。

セクシュアリティのマトリックス、分類表

生まれの性	性自認	恋愛＆SEX対象※5	外見・見た目、変更箇所	医学分類	通称	本書での用語	章
男性・XY	俺は男	女（ノンケ）	常に男	ヘテロセクシュアル・異性愛	ノンケ		
		男（ゲイ）		ホモセクシュアル・同性愛	ゲイ		2章
			普段男たまに女装、目的はイベント性		TV※1、オカマ、ドラァグクイーン※2	TV=TVXY	4章 8章
		女（ノンケ）	普段男たまに女装、目的は自己満足	ヘテロセクシュアル・異性愛	CD※1、女装家、男の娘※3 女装コスプレイヤー	CD=CDXY	
	私は女	男（ノンケ）	なるべく女（上半身だけ手術済み）	ホモセクシュアル・同性愛	TG、オカマ、ミスターレディ、男→女	TG=TGXY	5章
			常に女（性別適合手術済み）		TS、ニューハーフ	TS=TSXY	6章
			常に女（性別適合手術済み）戸籍変更		GID、MtF自称ヘテロセクシュアル	GIDMtF	7章
女性・XX	俺は男	女（ノンケ）	常に男（性別適合手術済み）戸籍変更		GID、FtM自称ヘテロセクシュアル	GIDFtM	7章
			常に男（性別適合手術済み）		TS、オナベ	TS=TSXX	6章
			なるべく男（上半身だけ手術済み）		TG、オナベ、ミスダンディ、女→男	TG=TGXX	5章
	私は女	男（ノンケ）	普段女たまに男装、目的は自己満足	ヘテロセクシュアル・異性愛	CD※1、男装家、男装コスプレイヤー	CD=CDXX	4章
		女（レズビアン）	普段女たまに男装、目的はイベント性	ホモセクシュアル・同性愛	TV※1、オナベ、男装、（ドラァグクイーン）	TV=TVXX	
			常に女		レズビアン、ビアン		3章
		男（ノンケ）		ヘテロセクシュアル・異性愛	ノンケ		

※1 「TV」「CD」は言葉の違いだけで意味は同じだが、本書ではヘテロをCD、ホモセクシュアルをTVとする。Tの（トランス）が同性愛者を使用することが多いので。
※2 「ドラァグクイーン」はノンケ、TVの如何を問わず、また性別の如何も問わない表現方法であるが、ドラァグクイーン人口がゲイに多いので、本書ではこれをTVとする。
※3 「男の娘」のセクシュアリティはノンケ、ゲイ、バイセクシュアルと多様であるが、代表的なのはノンケやバイセクシュアル寄りの男の娘なので、本書ではこれをヘテロとする。
※4 バイセクシュアルはここではあえて作っていない。どのカテゴリでも存在し、男女（XX側とXY側）両方愛せたり、人間愛発言な方々が多い特殊枠なのでバイセクシュアルはオールマイティー扱い。
※5 コレに属さない方もいらっしゃいます。トランスジェンダリスト、極少数派、もしくは性癖がマニアック（通称＝変態さん）もいらっしゃいますが、ごちゃごちゃになるので書きません。悪しからず。

ビアンなどの総称がホモセクシュアル。私もここを勘違いというか誤解していて、「ホモ」っていうと男性同士みたいな印象だったのですが、ホモセクシュアルは同性愛者総称でいいみたいですね。でも、最近は「ホモ」っていうと、差別用語になってしまうのです。びっくりです。

2. ゲイとレズビアン

ここからは、さまざまなセクシュアリティをキャラで紹介しながら、セクシュアリティの分類をしていきますね。

まず、ホモセクシュアル（同性愛者総称）は、おおざっぱに言うと、ゲイ（男性同士）とレズビアン（女性同士）に分かれます。

ゲイは、男性同士で付き合う人たちのこと（レズビアンの場合は女同士です）。見た目は、ごく普通の男性。ゲイの方は少なくなくて、おそらく今あなたが想像しているよりもたくさんいらっしゃいます。ぱっと見（街中ですれ違うだけで）はゲイだとわからないと思います。ここでは書けませんが、有名な芸能人や文化人にも多くて、名前を出すと「え？　あの人も？」と驚かれるかもしれません。日本で自身のセクシュアリティを公表しているゲイの方といえば、KABA.ちゃんやおすぎさん、ピーコさんなど、オネエ言葉の方が多くて、

レズビアン(XX)
ゲイ(XY)
生まれたままの性別の見た目のまま、
同性を愛する。
ゲイはゲイ同士、
レズビアンはレズビアン同士で
付き合うのが一般的です。
第2章で【ゲイ】について
第3章で【レズビアン】について
書いてあります。

歌手や俳優さんはなかなか公表していませんが、海外ではエルトン・ジョンやフレディ・マーキュリー、リッキー・マーティン等々多くの方がいらっしゃいます。

そのゲイのなかでも、**ゲイタウン**※で有名な**新宿二丁目**※などに行くとよく目にする**オネエ言葉**のゲイ。通称**オネエさん**。こちらの方々は、見た目は男性的ですが、言葉遣いが「あら、元気ぃ～？」「そうなのよぉ～、わかるわぁ～」などの、マンガによく出てきそうなオカマさんの話し方をします。マツコ・デラックスさんやミッツ・マングローブさん、歌手の美川憲一さん、テレビ番組で人気があった『オネエ★MANS』のカリスマの一人、IKKOさんのしゃべり方といえば、わかるでしょうか。

しかし、そういったオネエゲイでも、オ

※新宿二丁目・ゲイタウン
「二丁目」は一昔前までは「知る人ぞ知る」ところでしたが、今は世界的に有名です。「二丁目」の世界も多様ですが、テレビに登場するのは「オネエ」の方たちですね。

ネエ言葉はゲイ同士でのコミュニティ空間（新宿二丁目など）やテレビの中だけで使うことが多く、ノンケ世界である昼間の社会（職場など）ではほとんどの方がオネエ言葉では話していません。言葉遣いだけでなく、仕草や身振り手振り、まったくもってノンケの方々と同じ仕草です。なので余計にノンケの方々は身の回りにいるゲイたちに気づくことはないんですね。

これに対して、オネエ言葉を使わないゲイ、もしくはオネエ言葉が嫌いなゲイの方々もいますし、あまり二丁目などのゲイタウンに出ない、もしくは出たことがない。出たくないという方々も多いですね。

本書に登場するキャラクターでは、ゲイはあえて一昔前の〈イカニモゲイ〉ファッションで描いています。今のゲイはもっとオシャレです。また、レズビアンも見た目普通の女性なのでレズビアンの男役である**レズタチ**（レズの男役のことです）っぽく描いてあります。

3. トランスベスタイト、クロスドレッサー、ドラァグクイーン

ゲイが女性メイクをしたり、ドレスなどを着て女装して働いていたりする方々を、一般的には**オカマ**※さん、またはレズビアンが胸をおさえて男装して働いていたりする方たちのことを、一般的には**オナベ**さんと呼びますね。同じような言葉で**トランスベスタ**

※オカマ
オカマ↑↓オナベ、TVやCD。ちょくちょく出てくるのでよろしくね。最近は「オカマ」は差別用語とも言われているわね。そのコトについては、コラム1を参照よ。

イト（transvestite）、略して**TV**《ティーヴィ》とか、**クロスドレッシング**（crossdressing）している人を表す**クロスドレッサー**（crossdresser）、略して**CD**《シーディー》という呼び方もあります。

　これらは異性装、異なる性別の見た目を装うという言葉で、本来、同性愛者や異性愛者を区別していませんが、本書のなかではわかりにくくならないように、クロスドレッシング（異性装）する異性愛者をクロスドレッサー（女装者や男装者）。クロスドレッシング（異性装）する同性愛者をトランスベスタイト（オカマさんやオナベさん）とさせていただきます。

　一年中毎日二四時間ずっと異性装で過ごすTV、CDの方はほとんどいません。時々TVやCDになる方々がほとんどです。また、意外に思われるかもしれませんが、ノンケの異性装好き、つまりクロスドレッサーの数も少なくありません。たとえば宝塚歌劇団に代表されるような男装に影響を受けたり（TV、CDは4章参照）。最近は新しい女装スタイルで、男の娘《オトコノコ》とかもいますしね（8章参照）。

　TV（ゲイ）の方たちは、体はまったく手術などせず、まるで

トランスベスタイト（XX）
トランスベスタイト（XY）
体は生まれたまま、手術はしてない状態。
別の言い方でクロスドレッサーもあるが
本書ではノンケだけをクロスドレッサーとする。
同性を愛する。普段はゲイ、レズビアンで
イベントやお祭り等で女装するパターン、
水商売で仕事中だけ女装、と動機は様々。
恋愛対象は基本的に同性愛者。
異性装時は異性も愛する人もいる。
第4章で【TV、CD】について
書いてあります。

パートタイムのような感覚でクロスドレッシングしている方がほとんどです。**オカマバー**[※]と呼ばれるところで働いているオカマさん、**ゲイボーイ**さんの多くはこのパターンです。逆のパターンがオナベさんです。

昼間はゲイとして生活をして洋服も男物。化粧もしない。恋愛対象や彼氏はゲイ（彼氏もTVということはまずありえません）。芸能人でいうと、IKKOさんですね。IKKOさんも「IKKO」としてテレビに出たりするときだけ化粧をしてドレスを身にまといます。しかし、プライベートでは女装はしていません。オカマバーのオカマさんたちもそうですね。この方たちは基本的にビジネスとしてクロスドレッシングしているんですね。なので、私のように女になりたい（戻りたい）とも思いませんし、体を手術して女らしくしたいとも思っていない方がほとんどです。

本書のTVのキャラクターは「ザ！　オカマ！」という風に胸はパッドで髪はカツラで描いてあります。オナベの方も今時サラシはいませんよね（笑）。通常はナベシャツといわれる胸を潰す矯正下着のようなモノを着ていますが、ここではあえてサラシにしてあります。

また、TVのなかにはゲイビジネスとしてではなく、パーティーやクラブイベントのときだけ豪華に着飾るドラァグクイーン（Drag Queen）の方々もいらっしゃいます。

ドラァグクイーン[※]は、普段はゲイ（一部レズの方もいらっしゃいます）で、パーティー

※オカマバー
ゲイボーイ（女装男性）が接客するノンケ向けバー。通称「観光バー」。ゲイオンリーの店はゲイバーと呼ぶのよ。

ドラァグクイーン（基本XY、まれにXXもいます）
基本的にはゲイ女装の恐ろしく豪華版。
20cm近いヒールを履き、性を超越したドレス、
女らしさを超越させて揶揄して豪華にした
ファッショナブルでアートなメイク。
あくまでも自己満足ではなくパフォーマー。
観るものをハッピー、ハイにさせる。
主な出没地は深夜のクラブイベント。
当たり前だがこの姿で恋愛、生活はしない。
生活感や現実離れした存在感が魅力。
第４章の末に【ドラァグクイーン】について
書いてあります。

やクラブイベントのときにパフォーマンスとして装います。それは女装の域を超えた、とてつもなくゴージャスな女装なんですね。仕草や振舞いはとにかくゴージャス！　いちいちゴージャス！　華やかに振舞うドラァグクイーンはクラブに華を添え、見るものをハッピーでハイな気持ちにさせてくれます。生活感や恋愛観などが見えない現実離れした存在感が魅力ですね。

　有名な方では安室奈美恵さんやMISIAさんのライブやプロモーション・ビデオにも出演しているマーガレットさんやHOSSY《ホッシー》さんがいらっしゃいます。一昔前では、オナペッツさんもそうです。女装の域を超えた、もはやアートな方々なのです。

※ドラァグクイーン
吉井はオナペッツのおふたりが大好き。一緒に働いた時は感動したわ〜。鈴木はアメリカのRuPaul（ルポール）が大好き。エルトン・ジョンとデュエットCD出したり、役者さんだったり、多才な人。

4．トランスジェンダー、トランスセクシュアル、GID

次に、トランスジェンダーとトランスセクシュアル、そして、GIDについて。まずはトランスジェンダーから。

もしもTV（異性装する同性愛者）が『豊胸手術したい』とか『もっと女らしい体でいたい』と思い、豊胸手術や去勢手術（ペニスは残して、睾丸だけ切除する手術）など、体にメスを入れる（美容整形ではなく身体改造）と、**トランスジェンダー**※（transgender、略して**TG**《ティージー》ということになります。

トランスジェンダーを「性別をあえて決めない主体的な生き方」と考える方もいらっしゃるようです。あるいは、「男から女へ、あるいは女から男へ性別を移行中の方」と考える方もいらっしゃるようです。でも、「移行期」といってしまうと、なんだか完全に性別を変えるためのステップのような感じになってしまいます。

実はそうではないんです。TGの方のなかで、TGの状態が好きで、そのままずっとTGとしての人生を楽しむという方々もいます。ニューハーフクラブやオカマバーにもそうした方々は少なくありません。私が以前働いていた新宿のお店のママは、美しいTGのニューハーフさんで、「上半身はお母さん似（豊胸手術済）、下半身はお父さん似（未手術）なのよ～♪」とよく言っていました。ニューハーフさん全員が「目指せ、完全性転換！」とい

※トランスジェンダー
男でも女でもない生き方と定義する人もいますが、本書ではトランスセクシュアルまで至らない人と定義します。

※水商売
ホスト、キャバクラ、ゲイバー、高級クラブ等のお酒を扱ったお店を指す俗語。先の見通しがつきにくく、「勝負は水物」というように、収入が不確定な状態から水商売と言われているのよ。

うわけではないのです。

ちなみに、ニューハーフさんとオカマさんとの違いは、業界的には体にメスを入れているかどうかで分かれてきますが、ニューハーフさんが話のネタとして自身のことを「オカマよ～」と言うことはよくあります。夜の御商売、**水商売**※をしているTGの方々は、「自分はTVだ」とか「私はTG」といった分類や名称についてはあまり深く考えていなかったりします。こういう分類等を気にする方は「私はGID（性同一性障害）です！（GIDは四章参照）」と主張する方たちに多いように思います。

TGの方々は、TV（異性装をする同性愛者）とは違い、普段から女性の見た目をしている方（フルタイムの女性）がほとんどです。なので、言葉遣いも女性言葉。恋愛対象はゲイではなくてノンケの方がほとんどです。豊胸手術等をして、身体を女性化してしまうと、ゲイからはTGは恋愛対象として見られなくなってしまいますしね。

ちなみに、本書のTGキャラクターが水着なのは、上半身だけ手術して、下半身はまだ手術していないから、です。

トランスジェンダー（XY）
トランスジェンダー（XX）
体は上半身だけ手術済み
（XYは豊胸、XXは乳腺除去）
下半身は未手術、もしくは玉だけ抜いて去勢済み。
TGXXはヘテロ女性を愛して、
TGXYはヘテロ男性を愛する。
水商売のイメージがあるが、容姿次第では脱いで
SEXまでいかないと異性として通せる場合があるので
水商売以外の人も居る。
第5章で【TG】について書いてあります。

次に、**トランスセクシュアル**※（transsexual、略して**TS**《ティーエス》。通称**ニューハーフ**と言われる方々、一世代前の呼び方だとミスターレディーや、元が女性のミスダンディー、つまり、完全性転換（**性別適合手術**※済み）の方々ですね。

　男から女への性転換（者）を、**MtF TS**（male to female transsexual）、それとは反対に、女から男への性転換（者）を、**FtM TS**（female to male transsexual）といいます。また、性転換手術というのは通称で、最近は**性別適合手術**（＝sex reassignment surgery、略して**SRS**）といいます。

　MtFの場合、基本は上半身の胸手術が終わり、下半身の性転換手術も終えている方々ですが、最近ではホルモン治療も進み、上半身はホルモン治療のみで〈ほんのりおっぱい〉で終わらせる方も増えてきています。ホルモンの効果には個人差があるのですが、ホルモンがよく効く方だとB～Cカップくらいにもなったりします。ちなみに私はホルモン治療だけではAカップまでだったので、シリコンバックを入れています。

　では逆に、**FtM**の方で、もともと胸がまったくない方の場合、乳房・乳腺除去手術（文字通り、乳房と乳腺をとってしまう手術）をしない方もいるのでしょうか？　と思いきや、そういうことはほとんどありません。なぜかというと、海やプール、温泉などに行ったとき、**ノンオペ**（non operation＝手術していないという意味の略語）のTSのFtMは昔と変わらない状態の上半身裸をさらすことになるからです。いくら男性ホルモンが効いていて

※トランスセクシュアル
略してTS。鈴木先生のイニシャルではありません（引く）。元男↓現女MtFTS、元女↓現男FtMTS。

※性別適合手術
＝Sex Reassignment Surgery略してSRS。いわゆる性転換手術のことです。

トランスセクシュアル(XX)
トランスセクシュアル(XY)
体は上半身も下半身も手術済みで、
性別適合手術済み。戸籍は生まれたまま。
通称ニューハーフさんやオナベさん。
TSXXはヘテロ女性を愛して、
TSXYはヘテロ男性を愛する。
TG同様、容姿次第水商売でない人もいる。
TSであることにオープンな人が多い。
第6章で【TS】について
書いてあります。

も、多少は乳房らしさが残るので、基本的にFtMが海などで水着になったりするようになるのは胸を取る手術の後になりますし、乳腺除去手術はGIDとして**戸籍**を変えるための必須条件でもあります。

TSの場合、恋愛対象はノンケ。このあたりはTG（性別適合手術が未完の方々）と同じですね。

TSは基本的にショービジネスや夜の御仕事でTSであることを生かしてTSとして働いている方が多いのが特徴です。TSの芸能人では、はるな愛さんが有名ですね。彼女も「ニューハーフで〜す。元オトコで〜す。賢治で〜す♪」といって働いていますよね。そういう感じです。また、ヘアメイクやアパレル業界にも多いようです。

ちなみに、本書のTSキャラクターが服

を着ていないのは、あえて手術して完全になったということの強調です（笑）。

最後にGID、性同一性障害。

GIDの場合も、TSと同様に、MtFとFtMがありますが、ここでは、MtFに限ってお話しします。二〇〇四年に「**性同一性障害者の性別の取扱いの特例に関する法律**」※（以下、特例法と略します）ができて、戸籍の性別が変更できるようになりました。もちろん結婚もできます。私もこの特例法のおかげで女性に戻ることができて、結婚、入籍もできました。相手はもちろんノンケ。中学校の同級生、クラスメイトです。

GIDは身体的には先ほどのTS（性別適合手術を終えた方々）とまったく変わりません。TSとGIDの違いは、一般的に言うと精神面、心の中にあるといえます。TSまでは、〈同性愛〉にくくられることが多いですが、GIDの方々のほとんどは生まれてから一貫して〈異性愛者〉であったと主張したりします。はじまりはホモセクシュアルではなく、はじめからヘテロセクシュアルというわけです。

こうした方々は、ニューハーフとしてではなく、完璧に女として生活しています。芸能人では椿姫彩菜さんがそうですね。しかし彼女の場合、女としてではなく、GIDとして働いている、といった方が適切だと思います。私も分類するならそうなりますね。私も、GIDとして戸籍を変えました。でもその前はニューハーフとして働いていました。そういう人たちも多くいます。

※性同一性障害者の性別の取扱いの特例に関する法律

二〇〇四年（平成十六年）に施行された、いわゆる「特例法」のことです。吉井も男→女へ変更済。性別を変更できるなんて、夢にも思っていませんでした。でもこの法律に関していろいろと問題もあります。詳しくは第7章で。

そう、特例法ができたのはごく最近のことですから。そして多くのＧＩＤの方々は、椿姫さんや私のように、ＧＩＤであることを自ら積極的に公言したりはしません。ＧＩＤの方々は、多くの場合、職場で〈元男〉（または〈元女〉）であることが知られていません。また、テレビ等のメディアにも出てくることはありません。ですからみなさんの目の前にいてもわからない、ということになるのです。

そしてＭｔＦファッションもＴＳの方よりも地味というか、女性らしさを強調しすぎないファッションの方が多いですね。水商売でない一般のヘテロ女性はあまり胸元を強調したりしませんし、最近の女性はフリフリで女らしい服装だけでなく、パンツスタイルも多いですからね。というわけで、本書のＧＩＤキャラクターもあえてＭｔＦはパンツスタイルにしてみました。ＦｔＭは高い確率でヒゲを生やして短髪なので、ヒゲ短髪です。

GID.性同一性障害.FtM(XX)
GID.性同一性障害.MtF(XY)
体は上半身も下半身も手術済みで、
性別適合手術済み。体はTSと変わりません。
一般的には〈心と体の性別の不一致〉と言われ
同性愛者ではなく異性愛者と言われる。
特例法により戸籍を変更している人が多い。
FtM(XX)はヘテロ女性を愛して、
MtF(XY)はヘテロ男性を愛する。
GIDであることをクローズな人が多い。
第7章で【GID】について書いてあります。

5. その他のセクシュアリティ

ここまでに紹介してきたカテゴリに属さないセクシュアリティの方も世の中にはいらっしゃいます。生まれもって身体的に両方の性をもつ※**インターセクシュアル**（半陰陽［者］）といわれる方々、男でもなく女でもない性別を主張する方、※**アセクシュアル**（ヘテロセクシュアルでもホモセクシュアルでもない）※**バイセクシュアル**（ヘテロセクシュアルかつホモセクシュアル）など、他にも多くのパターンがあります。しかし、申し訳ありませんが、この本ではそこにはあまり触れません。

ちなみに、本書で使用している「セクシュアルマイノリティ」という言葉は、国際的にみて、最近はあまり使われないそうです。マイノリティ（少数派＝Minority）という表現に差別的ニュアンスがあるとか、セクシュアリティは多数派・少数派と単純に二分類できないというのが理由だそうです。確かに、セクシュアリティは千差万別ですものね。本書ではヘテロセクシュアルの方々と区別する意味で便宜上、使用していきますので御了承くださいね。

※インターセクシュアル
インターSEX（インターセクシュアル）の方々の存在はほとんど知られていませんでした。橋本秀雄『男でも女でもない性』（青弓社）はインターセックスの当事者によるドキュメンタリーです。マンガ『性別が、ない！』の方が入りやすいかな。

※アセクシュアル
わかりやすく言うと、異性にも同性にも欲情しない人。つまりSEXしたくない人のことです。

※バイセクシュアル
SEXや恋愛の相手が異性でも同性でもという方のこと。

セクシュアルマイノリティだヨ！全員集合

Column 1
奈々の部屋

「オカマ」という言葉は差別用語なの？

テレビ、マンガ、映画といったさまざまなメディアで使われる、「オカマ」「ニューハーフ」「オネエ」など、多様でなんともザックリとした分類。それらのなかで、「オカマ」という言葉については、昨今、一部の方々から「差別的だ」「イジメの原因になる」「オカマは差別用語に指定すべきだ」という意見が聞かれるようになってきました。

「オカマ」の語源には諸説あるようですが、その使われ方を見ると、差別・侮蔑の言葉であることも確かです。そして「オカマは差別用語だ！」と活動をしている方々も多くいるのですが、この本で私は「オカマさん」、「オカマちゃん」と「さん」や「ちゃん」を付けて使用しています。言葉には、その用い方に悪意があるかないかで、受け手の心持ちにかなりの違いがでると思うんです。

日常生活で「オカマ」という言葉の由来まで考えて使っ

言われ方で、全然ちがうのよ
このオカマ！
どけよ！
キモイぞ
何よ！
うっさいわね！
シャ～！
は～い
おはよ～♪
オカマちゃ～ん
おはよ～

ている人は少ないと思うの。私個人としては、確かに知り合ったばかりの人に「お前オカマかよ」とか言われたら、少しはカチンときますが、それも言い方にもよりますよね。喧嘩腰で、いかにも人をおちょくるような言い方なら腹も立つけど、とくにバカにするつもりではなく悪気なく「オカマ」と口にしているのなら、全然気になりませんね。もっとも悪気があったとしても、私のニューハーフとしてのキャリアをもってすれば、悪意を逆手にとるのもお手のものですけど（笑）。

今の時代ではさまざまなゲイやニューハーフのタレントがメディアで活躍しています。メディア側も、「オカマは差別用語」とか騒がれているのは知っていますから、一昔前みたいにズバズバ「オカマ」とは使わなくなってきました。バラエティー番組などで使われる場合にも、言葉を選び、言葉で遊ぶ、おとなの気遣いが感じられるようになってきたと思います。それがエンターテインメント性の高い内容なら、多少の失礼は許す寛容さや余裕が欲しいわぁ、と思うんです。

「学生時代にオカマと言われて傷ついた」、「イジメにあって不登校になった」、だから「オカマ」という言葉は差別用語にしなくてはいけない！という意見もあるんです。でも、誤解を恐れずに言うと、私は差別用語にしようがしまいがイジメは変わらないと思うの。悪意のある人に、「オカマは差別用語なんだからね！言っちゃいけないんだよ！」といくら反論しても、イジメたい側は悪意に満ちた別の言葉をいくらでも考えつくだろうからね。イジメの根

本解決にはならないと思うの。

身体的障害や病気、国籍とか、「自分の力ではどうにもできない問題」での差別やイジメは絶対に許されません。「オカマ（同性愛）」も自分の力でどうにかすることはできないケド、「オカマが原因でイジメられる」と悩んでいるなら、ちょっと思い返してもらいたいの。もしかすると、オカマだからイジメられてるんじゃないかもしれない。ウジウジしていたり、いつもメソメソしていたり、暗かったり、性格が歪んでいたり……、キツイ言い方になるけど、オカマが原因というより、他にイジメられる要因があったりする場合があるのかもしれない。

というのも、私がそうだったから（笑）。私も中学の頃、イジメられたことはありました。まだ自分のジェンダーアイデンティティ、セクシュアリティに悩み、自信もなくて、ウジウジして見えたのでしょう。でも「気にせずあっけらかんと明るく元気なオカマであろう！」と気持ちを切り替えてからは、男女、先輩後輩問わず仲良くなり、楽しい学生生活に一転しました。みんながみんなそうはできないかもしれない。でも私が言いたいのは、自分次第で「オカマ（同性愛者）」は差別ではなくなり、イジメの対象、侮辱の対象でなくすことができる。むしろ、人気者にもな

れる要素もある、ということ。

もちろん、どんな理由があったにしろ、イジメ自体は絶対に許してはいけないことだし、許されることではありません。イジメが原因で自殺にまで追い込まれてしまうこともあるんですから。「イジメられる側にも原因がある」と言いたいわけでは全くありませんよ。誤解しないでね。そうではなくて、「私はオカマだからイジメられているんだ」って、そんな悲しい結論に行きついてほしくないの。

第2章 ゲイ

1. あれ？ 自分はみんなと違う？ 変なのかな？

一般的に言えることですが、一〇代には『あれ？ 自分は変なのかな？』というような自分の性自認（男である、女であるという自覚）に対する疑問が生じたりします。そんななか、自分の恋愛対象の性別が周りと違うなど、ふとした瞬間の『あれ？』という疑問から**セクシュアルマイノリティ**※への道は始まります。

第二次性徴期※を迎える小学校高学年くらいになると、いままで男子のなかに女子が混じってサッカーしていても、女子のなかに男子が混じって折り紙していても平気だったのに、急に「オマエ男なのに女といつも一緒に遊んでんじゃねーよ（笑）」みたいな茶化しが始まります。やがて顔も体も少しずつ男の子らしく、女の子らしくなってきて、男子と女子を分けた保健の授業で、生理・精通について学ぶ時期が来ると、一気に男と女に考えが二分化されます。そして同時期には恋愛話にも花が咲いてきます。

セクシュアルマイノリティの子どもたちは、そうした周りの変化とともに「あれ？ 自分

※セクシュアルマイノリティ
セクマイと略します。

※第二次性徴期
男女とも陰毛がはえる。男の子＝のどぼとけが出てくる。女の子＝おっぱいが大きくなる。初潮。これですね。

は周りのみんなと違うのかな?」と気づいてくるんですね。そうした「あれ?」は学校でも教えてはくれない。そしてそのまま「あれ?」を抱えて手探りで情報を探したりして、「あれ? もしかして自分はレズビアンってやつなのかな?」とか、言葉を見つけては自分に置き換えて自問自答する一〇代のセクシュアルマイノリティが多いですね。もちろんそうした行程がなく、二〇代を過ぎてから改めて気づく方もいらっしゃいます。

私自身、そういう悩みの相談をよく受けるのですが、相談者は一〇代の女性が多いです。「私はレズビアンかもしれない。いや性同一性障害なのかもしれない。教えてください」といった相談が多いですね。しかしその逆で「僕はゲイかもしれないんです」という男性側からの相談は少ないんです。

それはなぜでしょうか。先にその男性側ゲイの方からお話ししていきましょう。女性側レズビアンについては次の三章で詳しく説明します。

2. ゲイなのかな? と思う前に

「私、もしかしたらレズビアンかも?」という悩みは女性に多いのに対して、「僕、もしかしたらゲイ?」という悩みは男性には少ないのはなぜでしょうか。

それはまず男性と女性との大きな違いとして、まず外性器の特徴がありますよね。ちょっと下世話な話のように思えたら申し訳ありませんが、男の子は性対象を見たり考えたりすることによって下半身が反応しますね(もちろん疲れたときや寝起き等の不可抗力もあるでしょうが、それはひとまず置いといてね)。なので、自分の「ドキッ」とした気持ちに加えて下半身のアンテナで、性対象を改めて確認することができます。「俺、あいつとじゃどう頑張っても立たねーよ(笑)。無理だ〜」という男子の世間話がよくありますが、そう、それがアンテナね。

　男性の多くはその自分のアンテナが反応するかしないかが重要で、そこから性対象、性癖が再確認できるの。「あれ? 俺今まで若くておっぱい大きい子にしか興味なかったのに……熟女もイケルな(笑)」みたいな再確認ね。ホント下世話な話で女性の読者様、すみません。でも男ってそこが大事。

　それでね、中学生前後で初めて自分のアンテナが何に反応するかを知るわけですよね。同級生や先輩とエッチな本を読んだりして、「スゲー! スゲー!」と言いながら。

　でもそこで、「あれ? なんか俺、女の人の裸見てるより、それ

を見て興奮してる男の人を見て反応してない!?」という「あれ?」から、「何だか部室で先輩の着替えてる姿見てると恥ずかしいな。ヤバい！ なに反応してるんだ!?俺のジュニア！ これじゃあ俺ゲイじゃねーの?」というような体験をしたゲイの方、多いハズ！ そうなの。そういう下半身の反応でわかりやすいのが男性側の特徴ね。頭や理論で考えて確認するよりも体の反応が先にきて、その積み重ねから、「あー。俺、女の子に興味ないんだなー、ゲイだったのか」というパターン。

　これがすごく多いんですね。あとはそこで葛藤する要因は憧れかどうかね。下半身は反応していないけど、先輩といたらドキドキする。「かっこいいなー」というような憧れで「あの人になら抱かれてもいい」という場合ね。これはレズビアンには多いですが、ゲイではあまりないけどね。憧れから性対象への壁は薄いようで厚いのが男（ゲイ）。

　一方、壁が厚いようで薄くて、相手次第で変わりやすいのは女（レズビアン）に多いかな（これはね〜、微妙な話で一概には言えないけれど）。3章でも書きますが、たとえば、憧れの対象である●●さん（女）がレズビアン予備軍の女の子（憧れている側）に迫って、軽くキスをしたとしましょう。そうすると案外レズビアンに目覚めるきっかけになるパターンが多いですが、逆に、男の場合は、そこで下半身が反応しないとゲイにはなりません。憧れが冷めて「●●さんキモい」になってしまう場合さえあります。

　つまり、レズビアンのタチ（男役割側）からレズビアン予備軍のノンケをレズビアンに変えやすいのですが、ゲイのタチ（男役割側）からゲイ予備軍のノンケをゲイに変えるのはなかなかできない。憧れからゲイになるのは少ないんですよね。自分自身を「ゲイかな？」と思う年頃には性的対象に下半身が反応している場合がほとんどですね。ちなみに例外として、ここで男女問わず下半身が反応して**バイセクシュアル**だと再認識する場合もあります。

　ここまでだけだと「男性は下半身が反応すれば恋愛できる」と思われそうですが、ここまでのはあくまでも「体が反応する＝ＳＥＸできる」ということで〈性癖〉の方によった話ですね。そうなんです。〈性癖〉と〈恋愛〉は違うので、ここが大事。男性は好奇心から、さまざまなジャンルに興奮し、ＳＥＸできる場合が多くありますが、ではＳＥＸできるから恋愛できるかというと、違いますよね。なので「自分はゲイだな」と確信するときは、男性とＳＥＸできる、男性に性的興奮するというよりも、男性と恋愛したい、恋愛してその結果ＳＥＸしたい、という方が正しいでしょう。

　異性愛者か同性愛者かを自分で確認するためには〈同性とのＳＥＸと恋愛〉両方を欲し

ているかどうか問題なんですね。男性とSEXはできるけど恋愛対象としては思えないという場合もまれにありますからね。SEXだけならバイセクシュアルかもしれないし、恋愛だけでSEXできないなら〈憧れ〉かもしれないしね。

若い頃は男女ともに、恋愛やSEXには興味津々の世代ですけれど、誰もみんな、歳を重ねて経験を経て、自分のアイデンティティとセクシュアリティと性癖を再確認するわけです。

3．ゲイの〈イケメン〉はノンケの〈イケメン〉とは違う

ではゲイといえば新宿。そのなかでも新宿二丁目は言わずと知れた世界最大級のゲイのコミュニティ。なぜそれほど有名なのでしょうか。それは日本でゲイバーの店舗数の多い（世界一とも言われています）ゲイタウンが新宿二丁目だからです。

この街、イケメン・ゲイとの遭遇率はきわめて高いものがあります。みなさんイケメンすぎて目の保養になります（笑）。

ところで、このイケメンという定義、ゲイの想い描くイケメンってヘテロ社会で俗に言うイケメン像とはちょっと違います。たとえば、俳優のような正統派イケメンからジャニーズ系イケメンはあたりまえとして、ゲイの世界にはヘテロの方々でも聞いたことのある、**メ**※**ガネ専**や**デブ専**、**外専**等々幅広いのです。なので、ゲイに聞いたイケメン芸能人とノンケ

※〜専
メガネ専は、メガネをかけている人を、デブ専は肉づきのよい人を、外専は外国人を特別に好んでしまう人々。〜専という言葉は近年趣味の多様化の影響か増加傾向よ。熟れ専、B専なんてのも出てきてるの。

に聞いたイケメン芸能人は大きく違います。ノンケから人気のあるイケメン芸能人はゲイからすると「あれのどこがイケメンなの？　まったくいらないんですけど（笑）」ということはよくあります。

ノンケのいう今風イケメン、つまり、細身でスラっとスリムで、ヘアスタイルも少し顔にかかってワックスとかでフワフワ盛っているホスト系や渋谷とかでイケメンと言われるような男性は、基本的にあまりゲイにはモテません。極端な例ですが、男らしくてラグビー部にいそうな筋肉質でちょっとイモ兄ちゃんくらいがかなりモテちゃいます。本当ですよ。王道のゲイモテ系でしょうね（笑）。もちろんゲイのなかでもホスト系や**渋谷系**※が好きな方はいますが、同じスリムならジャニーズ系の方が断然モテます。短髪、ボウズ頭、ヒゲ等は世代問わずゲイに好まれます。そして先ほどの王道、ガッチリ兄さんでもいろいろ好みは細分化されてきますのでちょっと紹介してみましょう。

ガチムチ：骨太で肉付きの良い体格。「ガッチリ・ムッチリ（ムチムチ）」の略です。使い方としては「ガチムチ系」など。イメージとしてはマッチョで筋肉質だけど、筋肉の上に脂肪が乗っている感じ。

ガチポチャ：これは筋肉がありつつも脂肪の割合が多い体格。「ガッチリ・ポッチャリ（ポチャポチャ）」の略です。使い方としては「ガチポチャ系」「ガチポチャ体型」など。

※渋谷系
渋谷センター街によくいるギャルやギャル男系の俗称。

ガッチビ：これはガッチリしたチビ体型の略です。

クマ系：これは文字通りクマのようなずんぐりむっくりとした体型のこと。体毛が濃く、ヒゲを生やしているようなタイプを指します。ベア系ともいいます。

スジ筋：これは細い体型だけれども、そこそこ筋肉のある人を指します。イメージとしては、一般的に水泳選手やそれに近い逆三角形で腹筋の割れた体型の人がそれです。

スリ筋：これは一見すると体型は細いが、服を脱ぐと筋肉質な人を指します。スリムなのに筋肉質という意味です。

野郎系：これはガタイがよく、兄貴的な感じの人をいいます。

オオカミ系：太っていて毛深い人のことをクマ系と言いますが、太ってなくて毛深い人はオオカミ系と言います（ウルフも同じ意味です）。

こんな感じでいっぱい細かくタイプ分類があり、どれも磨けばモテます。ゲイにイケメンが多いのは、女性と同じように、自分に似合うオシャレをして、身だしなみに気を付けて、自分磨きを

水泳やボクシング系の細身筋肉
スジ筋系
ガッチリ・ムッチリ、プロレスラー系
ガチムチ系
ジャニーズにいそうな今風、カワイイ系
ジャニ系
メガネ（文学）系
メガネ、文学的で細身
クマのような毛深く、ずんぐりむっくりとした体型
くま系
どれもみんなかなりのモテ系です

頑張っている人がとても多いからなんですね。

　そして各ジャンルごとにクラブイベントが開かれて、たとえば〈クマ専ナイト〉だとクマ系のゲイとクマ好きのゲイが集まり、そこで自分の好みにあった男性と出会いやすくなっています。それでも自分を磨かないとモテないのは当たり前ですが。磨けば世界が開けてくるといってよいかもしれません。昔働いていたお店のママも「三五歳を越えてるイケメンで、結婚してなくて、性格も良くて、酒癖も悪くない。なんでこんな素敵な人が結婚してないの？と思うような男は、だいたいゲイよ」って言っていました。

　ヘテロ社会では、毛深いと女性にモテないからと悩んだり、脱毛したりという男性が多いようですが、ゲイの世界では必ずしもそうではなく、毛深い人が人気で、モテ筋のひとつのジャンルとなっているのです。クマ系の人やオオカミ系の人たちも、自信をもつことができるのです。余談ですが、私の古くからの**ゲイ友**※は、体重一三五キロのクマデブ系でしたが、すごい人気でいつも可愛いジャニーズ系の彼氏に告白されて付き合っていて、別れてもスグに彼氏がいました。今じゃ二丁目で店のママ（ママと言っても

夕暮れの新宿二丁目。にぎわうのはこれから。

二丁目のママはほとんど女装はしていませんよ）をやっているの。「ノンケじゃなくてよかったわ～♪」と楽しそうなゲイ友です（笑）。

　二丁目だけで大小合わせて、およそ三〇〇件の**ゲイバー**※が軒を連ねています。最近はノンケさんたちが多く出入りするようになったため、週末はまるで観光地のようです。でも、「ゲイだけで楽しみたい」という方は、ゲイしか入れないゲイバーに行きます。先ほどのクラブイベントのように「ジャニーズ系好きが集まるゲイバー」など、需要と供給がわかりやすいお店もありますし、「とりあえずカラオケで歌って飲んで騒ぎたいゲイバー」、「中森明菜好きが集まるゲイバー」や「女子プロレス好きが集まるゲイバー」など、多種多様なカラーで分かれているので、およそ三〇〇という膨大な数のお店が共存できるんですね。

「ちょっと歳もとってきたしなあ」という場合

※ゲイ友
文字通りゲイの友だちのこと。

※ゲイバー
ゲイの、ゲイによる、ゲイのためのバー。でもノンケの方にオープンなバーもあります。ゲイオンリーのお店は、吉井も入れなかったりするのよ～。

は「年齢層が高めのゲイが集まるゲイバー」や上野のゲイバー街に変えてみたり、新橋や中野など、好きなジャンルや年齢によって飲む街を変える方も多くいます。このように、新宿二丁目のようなゲイタウンは日本でも数カ所ですが、ゲイバーは全国各地にあるのです。ザックリ言えば、電車の特急が止まるような主要な駅にはだいたいあったりします。

4．バイセクシュアルからゲイへ

よくおかたい内容の本やサイト、テレビ番組などでは、性的嗜好や性自認は変わらないとか、性同一性障害は生まれつきの病気で云々とか、いろいろ言われていますが、私がこれまで多くのセクシュアルマイノリティの方々と、お酒を飲んで語って、ぶっちゃけトークとかをしたりしていると「あ〜、表《おもて》（で言っていることって、表用の内容だよね）」とつくづく思います。

セクシュアルマイノリティって類型化しにくくて、年齢や住んでいる地域、環境、友人関係、恋愛関係でとても多様だし、年齢を重ねるうちに徐々に変わっていくものでもあるんです。たとえば私のお友だちのRYOちゃん（仮名三〇歳）。RYOちゃんは映像関係の仕事をしています。一〇代の頃はノンケ。もちろん彼女もいた。その彼女とSEXもしていたし、結婚も考えていたそうです。でも彼女の実家の引越しを機に、その女性とは別れてしまいました。何となく高校の頃から、「俺、もしかしたら**バイ**（＝バイセクシュアル、異性愛者であると同時に同性愛者であること）なのかな〜」と心のなかではそう思っていたようですが、特に男性と関係をもつこともなく、二〇歳になりました。

そんなとき、出会った年下の男の子に告白されました。ちょうどその頃、ＲＹＯちゃんは仕事、作品、将来、恋愛いろいろなことで悩んでいて、壁にぶち当たっていたんですね。「彼女はもういらないんだよね〜。彼女というより弟みたいな感じで、なんでも相談できて、男友だちみたいに遊べて、ワイワイ飲めて、結婚とかそういうことに縛られない関係がいいな」といった気持ちもあり、タイミングが重なって、その男の子と付き合うようになったんです。

その男の子も男性と付き合うのは初めて。二人ともゲイの友達なんていなかったので、オネエ言葉も使わないし、見た目や口調はノンケそのもの。そしてそんなにＳＥＸの最終合体行為までは好きじゃなかったので、いつも**オーラルセックス**※や**バニラセックス**。自分の友だちに紹介するときも、「コイツ俺の親友☆めちゃめちゃいいやつなんだよ〜」みたいな紹介。だから周りは誰も二人が付き合っているとは思ってもいません。確かに言われるまでは、はたから見ていてもふつうの仲が良い二人にしか見えず、二人がゲイだとは気づかないくらいでした。

彼らは、私が知る新宿二丁目のゲイや**オープンゲイ**（自分をゲイであると隠さないゲイ）とはまったく違うタイプでした。二人は二丁目などは苦手で、これからも自分たちが付き

※オーラルセックス
口を使う性行為

※バニラセックス
合体しないこうした恋愛の形ってプラトニックですね。

合っていることは他の人にはわざわざ言うつもりもないし、今のままでとても幸せと語ってくれました。自分がやりたい映像関係の仕事に就けて、自分をよく理解し、必要としてくれる人が一人いる。これで十分幸せ。わざわざゲイであることを公表して、友人や家族との間にわだかまりをつくりたくない。結婚も特に二人とも望んではいなくて、今を楽しくエンジョイできていること。それが大切、と言っていました。

二人の間に子どもは当然ないけれど、甥っ子や姪っ子をとても愛しているとのこと。「二人とも男性として働けるから結構生活も潤ってるよ♪」とちょっとうらやましい発言も。私が二人と出会ったのはもう十年ちょっと前。今でもすごく仲の良い友人です。彼らのようなゲイと出会えたのはすごく新鮮でした、ゲイでも色々な価値観のゲイがいるんですよね。

5．ゲイ生活エンジョイしてます

先ほどの二人とは対照的に、がっつりオープンゲイの友だち四人グループもいます。

二〇代前半の元気な彼らは、私の結婚式でも華やかに踊ったりしてくれました。会場から「きゃー！　可愛い～～～♪」「カッコイイ～～～☆」などの黄色い声援が飛び交いました。（ノンケの）男性陣からも「あの子たちホモなの？　もったいな～い！あんだけカッコ良かったら絶対女の子にもてるのに!!」とか、お酒も入っていたせいか「オレ、あの子たちが踊っ

ているとき、あの男の子たちが可愛く見えてきた」とか爆弾発言も。
しかもこの四人、夜のお仕事ではなく普段はサラリーマン。そのうち二人はW大学出身で、一人は卒業、もう一人は「あたしゲイだから学校辞めます」と自主退学して二丁目のゲイバーで働き、その後希望していた出版社で働いています。最初にその話聞いたときは、「この子パワフルな人生送ってるわ～」と思いましたね。
彼らも、仕事場ではゲイであることは言わないし、別に主張もしたりしません。「わざわざ言うことでもなくない？　バレたらバレたで気にしないけど」。そんなスタンス。平日五日間ちゃんと働いて、金曜の夜や土曜の夜に新宿二丁目にみんなで繰り出し、ぱーっと騒いで遊び、そのときはゲイ全開。
月一回くらい、うちにもみんなで泊まりに来てくれて、その日は飲んで騒ぎます。私の主人ともとても仲良しです。四人＋私たち夫婦の六人で旅行にもよく行きます。主人も「この四人なら、奈々と一緒に寝ていても気にならないし、女の子でもないから着替えとか色々、自分も気を遣わないでいいし。とても楽で、大好きな友だち」と言ってくれています。私も、結婚前に、友達夫婦の家に泊まりに行くと、よく「奈々はいろいろ楽なんだよね～」と言われていましたが、「コレのことか」と思いました。

ちょっとここである日の五人のおしゃべりをみなさんに公開します。

私（以下＝吉）：ゲイとしての自分に、若い頃、悩んだりした？

A君：うーん。ボクが中学の頃にはインターネットもあったし、結構すんなり受け入れた自分がいたね～。だからそこである意味、覚悟ができたっていうか。じゃあ楽しもう！　みたいな。ボクは地元が東北なんだけど、高校に上がってネットで知り合った年上の人に地元のゲイバーに連れて行ってもらって、そこからいろいろ変わったかなー。新宿二丁目にも憧れたし。

B君：ゲイだとだいたいみんな最初の一〇代の頃は同世代より、年上の人にいろいろ教えてもらって連れ出してもらったりして世界広げるしね～。

C君：わかる～ボクもそうだった（笑）。

吉　：ゲイで生まれてきて、辛いでしょう？　とか、世間の人の多くが思っているみたいだけど、どう思う？

A君：えー？　ボクはゲイとして生まれてきて超楽しいよ！　逆にノンケの生活とか無理（笑）。ノンケの人たちってたいへんそうだもん、結婚問題とか、子育てとか。

B君：ボクは将来はちょっと不安な部分はあるかな～、ノンケみたいに結婚っていうことがないじゃない？　マンガや小説では養子縁組とか聞くけど、実際に周りでしてる人って見たことない。だから将来は少し不安。一生この人と一緒にいれる！　って思えるようになりたいよね～。

C君：確かにね～。将来は不安だったりするかも。ゲイ友同士でルームシェアはよく聞くよね。

D君：あるある！　ボクらも奈々ちゃんが結婚する前、五人で住もうとか言ってたよね。

吉　：じゃあ、女に生まれたかったとか、女になりたいって思ったことある？

A君：ないわね～、女の子の方がオシャレを楽しんでるな～とは思うから、そこはちょっと羨ましいかも。でもそ

んなに、生まれかわりたいとは思わないな～。
B君：ゲイだと別に普段の生活ではバレないし、仕事もできるからね～。あと、男友達、女友達、両方ともできる。カラオケで男女両方、好きな歌を歌える（笑）。
C君：あとさ、ゲイっていうだけで仲良くなりやすいよね。
D君：確かに、ゲイバー行くと、横に座った知らない人とふつうに仲良くなってたりする。ふつうに話しかけるしね～。ノンケの世界ではあまりないよね、そういうの。男が女に声かけるとすぐにナンパ？　みたいになるケド、ゲイ同士だと気にせず仲良くなるし。

そうなんです。ここではゲイ友達との会話だけでしたが、ひと山超えたゲイやニューハーフ、セクシュアルマイノリティのみんなも、ちゃんと人生エンジョイしています。そういうエンジョイしている彼らはメディアにはあまり出てこないし、取り上げられないし、取り上げられるのはおもしろいオネエ★MANSのような方々が多いので、オネエ言葉を使わないゲイ、オネエ言葉を昼社会では使わないゲイの方々はあまり目にすることがないと思うので知られていませんが、世の中には相当います。

では、実際どのくらいの数の同性愛者がいるのかについては、一〇人に一人がゲイという割合を出している人もいますし、三〇人に一人くらいという説もあります。アメリカで

あらブス〜
最近見ないと思ってたけど
生きてたのね
あら〜姉さんオハヨ〜
アタシはそんな簡単に
死なないわよ〜♪
キャハハ
キャッ
姉さんこそ、もう若くないんだし、
いつまでも勘違いしてジャニ専ナイト行っても、
誰も引き取ってくれないわよ〜
……
※仲の良いオネエ2人の日常会話です

は一〇人に一人、日本では一〇〇人に一人がゲイという人もいます。いずれにせよ、少なく見積もっても、人口の一パーセントがゲイといってよいと思います。たとえば、日本の人口の一パーセントといったら、約一三〇万人。この数字、多いと思いませんか？

話は色々とそれてしまいましたが、ゲイも色々。ですが、基本的にセクシュアルマイノリティで人口比率が一番高いのはゲイなわけで、最初に色々書かせていただきました。知り合いのゲイ事情は書き出すときりがありませんので、それについてはまたの機会にということで、次にいってみましょう。

第3章　レズビアン

1. 悩める女の子

　これまで、ホモセクシュアルのなかでもゲイについて書いてきましたが、レズビアンの方はどうでしょうか。当事者ではないので、推測も入りますが、ＭｔＦトランスセクシュアルＧＩＤの立場から、レズビアンについてお話させていただきます。

　受講生の大学生さんから、あるいは私のブログへのメールで、こういった御質問をよくいただきます。

　私、もしかしたらレズビアンかバイセクシュアルかもしれないんです。男性の俳優さんで好きな人はいますが、あまり興味がないし。女の子同士でいるほうが楽しいし、可愛い女の子を見るとドキドキして、○○ちゃんのことをもっと知りたい、近くにいたいって思うんです。これは恋愛なのか友情なのか。友だちからも○○ちゃんのこと好きなんでしょ～？　とからかわれます。でも友情だったらこんなに悩まない気がするし。○○ちゃんには独占欲も出てしまいます。○○ちゃんの前にも、学校の先輩でカッコいい女性がいて、憧れてバレンタインチョコにラブレターを添えて渡したこともあります。映画のラブシーンを見ても、男性の裸より女性の方に目が行ってしまいます。教えてください！　私はレズビアンなんでしょうか？
（一〇代の女性）

というような「もしかして、私って、レズビアン？」というケース。もうひとつは「もしかして、私ってGID（性同一性障害）？」というケースです。これも一〇代の女性の方から。

自分はGIDかもしれません。幼い頃から男の子に混じってスポーツ。髪も伸ばすのが嫌でいつもショートカットでした。スカートとかフリフリの服も嫌いでいつもパンツスタイルでした。だから制服のスカートも嫌で、いつもスカートの下にジャージを履いていました。部活もバスケ部（女子バスケ）でキャプテンをしていて、学生時代に何人かの女の子から告白さ

れたり、バレンタインデーにも女の子からチョコをもらったり。それまで自分が男だと思ったりしたことはありませんでしたが、告白されたり慕われたりすると、その女の子たちが可愛く見えてきて、ドキドキしてきます。

　性徴期に胸が出てきたり、生理がきたりするのが面倒くさくて嫌で、可愛いブラジャーをすることにも興味がありません。高校時代はメイクにも興味がなく、これまでほとんど化粧というものをしたことがありません。自分のことを「ワタシ」と言うのにも少し抵抗があります。友だちの前では「僕」、「俺」と言っています。男性が嫌いというわけではありませんが、まだ興味がありません。こうしたことを考えていると、自分は女ではなくてＦｔＭになったほうが良いのでは？　とかよく思います。

　手術とかはお金もかかるし、まだピンと来ませんが、教えてください。自分はＧＩＤなんでしょうか？


　前章でも触れましたが、「ゲイなのかな？」「ＧＩＤなのかな？」と悩む男の子より、「レズビアンかも？」「ＧＩＤかも？」と悩む女子が多いことには驚かされます。断って捨てるような言い方になってしまいますが、これは一〇代の学生時代にはよくあることで、ハシカみたいなもの、一過性のものという場合が多いように思います（これには確たる証拠はないのですが……）。

ふつう、女子が就職する頃になると、周りから女性らしさを求められます。メイクはもちろん、服装や言葉遣い、立ち居振舞いについてあれこれ言われます。そして就職をして、合コンをしたり、男性から食事に誘われたり、男性から告白されたり……。そのうち、あらまぁ、いつの間にかちゃんと男性と付き合っていたり、女性らしくなっていたりします。やがて女子会で、「昔カッコいい女の先輩に告白したことあったよねー」と笑い話になったり、学生時代は男にしか見えなかった女の子が同窓会で再会すると、意外とも子どもが三人くらいいるような肝っ玉母さんになっていたりするものです。

もちろん中には、そのままレズビアンやＦｔＭの道へ進む人もいますが、その数は意外と少ないのです。いてもだいたいは「私バイセクシュアルなんだー」とサバサバと明るく言える姉御タイプになっていたりします。本当にガッツリレズビアン、男性とは絶対に無理！ というレズビアンの子は、レズビアンだと周りにバレないようにする、ステルス能力（それと察知されないようにする能力）が自然と養われているので、まず異性愛者にはバレないようにしているでしょう。

「アタシ、レズビアンなんだよねー！」と飲み会や人前でわざわざ公言している人は、レズビアンを装っているだけで、実はヘテロセクシュアルという方が多いです。そういう人はレズビアンを装っている自分が好きで、レズビアンキャラを楽しんでいる方が多いように感じます。

2. レズビアンノリ

「俺、ゲイなんだ」というカミングアウトよりも、「私、レズビアンなの」というカミングアウトの方が、ヘテロセクシュアル（異性愛者）にとって受け入れやすい社会の空気があるのは事実です。街中で女の子同士が手をつないでいても、二度見されませんが、男の子同士で手をつないでいれば、二度見されてしまいます。世の中の異性愛者はゲイよりもレズビアンには寛容だったりするのです。

ゲイの場合、ヘテロウケ（一般の男性が受ける印象）が良いということは、まずありえません。一般の男性、特に年配の男性のゲイに対する印象は、「気持ち悪い」の一言でしょう。それに対して、レズビアンはヘテロウケ（一般の女性が受ける印象）が悪くない。ボーイッシュという言葉もあるように、男の子っぽい女性というのは、魅力のひとつでもあったりします。なぜかそういう女性はサバサバしていて親しみやすいという印象が世間にはあるようですね。一方で、オンナオンナしすぎるブリッ子（死語?）は苦手という女性は多いでしょう。その反面、男の子が女らしくしていると「女々しい」となり、「ガーリッシュ」とは言われませんよね。

学生時代、女の子同士で女の先輩を見てキャーキャーいったり、女の先輩をアイドル視したりすることはよくあることです。みんなの前で告白を大っぴらにやったとしても、さほ

ど嫌悪感は抱かれませんし、告白された側も「ありがとう、でも気持ちだけありがたく受け取っておくよ」で終わります。逆にそれを男子学生が男の先輩に対して同じことをすれば、告白された側はかなり困惑するでしょうし、人によってはかなりの嫌悪感を抱くことでしょう。いずれにせよ、心中穏やかではなくなると思います。「気持ち悪いことすんなよ～」といったことになりかねません。

本当のレズビアンやGIDの人が目立たなくなるほど、**お姉さまノリ**※や**レズビアンノリ**※の女の子は多いんです。このようなノリが出てくる背景として、マンガや宝塚歌劇団の存在が見逃せません。そしてヴィジュアル系バンドのファンの子たちに多いのも特徴のひとつです。

お姉さまノリ・レズビアンノリ
自分がレズビアンかもと思い込んでしまう、いわば「なんちゃってレズビアン」の方。

ちなみに私自身も一〇代の頃はヴィジュアル系バンドにドップリハマっていて、ヴィジュアル系バンドとともに青春があったといっても過言ではないくらいでした。ヴィジュアル系のコスプレ（基本的にはLUNA SEAのSUGIZOやMALICE MIZERのMANAという女らしいコスプレ）を中学生の頃からしていて、全国ツアーもコスプレで追っかけていました。だから言えるのですが、本当にお姉さまノリやレズビアンノリが多いんです。ビックリするぐらい多いです。そこで仲良くなった女の子たちも当時はレズビアンノリでした。挨拶代わりにハグは当たり前、挨拶がわりにキスもよくしていました。

ヴィジュアル系バンドの場合、他の音楽ジャンルのファンとは一風違っていて、好きなバンドのプレイヤーの服装やヘアメイクをするコスプレイヤーがとても多いのです。コスプレとまではいかないにしても、「あー、この人ヴィジュアル系好きなんだろうなー」というファッションになります。こういうことをするのは、ヴィジュアル系のファンか、レゲエやB系（Bはブラックの頭文字のB。アフリカン・アメリカンのカルチャー好きの日本人のこと）好きの人たちくらいではないでしょうか。ファッションを見ただけでその人が好きな音楽ジャンルがわかるのって。

レゲエやB系の場合は、男と女が曲調やファッションでも色濃く両極端に出ています。男側はこれでもかと男らしく、女側はこれでもかとセクシーに、という感じです。ヴィジュアル系の場合は逆で、中性的なファッションを好みます。女装とまでいかない中性的な装い。

髪の長い男性でマンガのなかから出てきたようなカラフルな髪の色や奇抜なヘアスタイル。フリルやレース、羽や十字架、パールやクリスタル。本来は女性よりのアイテムを女装とは異なる中性の美として装います。それはまるで少女マンガのなかのキャラクターのように現実離れした装いで。

そういったマンガのなかのフィクション二次元でもなく、俳優さんのようなリアルの三次元でもない、二・五次元のような魅力。男でも女でもないような魅力。そのトランス的な魅力は女性って特に好きなんですよ。**宝塚歌劇団**※もそう、**歌舞伎**の女形もそう。こうしたセクシュアリティどうこう主張しているわけではない**中性的トランス**（男でも女でもない超越的な存在）の魅力。

特にこのヴィジュアル系、宝塚、歌舞伎の三つは直接的な下ネタは厳禁です。あくまでも耽美な表現。こうしたことも一〇代の女性がハマりやすいポイントですね。多感な一〇代女性は直接的で下品な性表現を嫌い、こうした耽美な世界は好きな人多いですからね。そして、なぜかこうした耽美の世界や**少女マンガ**※には同性愛の話や中性キャラクター、男装の麗人のようなキャラクターが多く出てきます。たとえば『ベルサイユのバラ』のオスカル、『オルフェウスの窓』のユリウス、『リボンの騎士』のサファイア、『パタリロ！』のマライヒ、『美少女戦士セーラームーン』の天王はるか（セーラーウラヌス）、『少女革命ウテナ』のウテナ……もっともっといますね。

宝塚歌劇団・歌舞伎
ゲイやセクマイには宝塚歌劇団や歌舞伎が好きな人がとても多いわね。オカマちゃんは光り物が好きなのよ〜。

少女マンガ
主たる読者は若年の女性とされているが、ゲイからも大人気。私は『ラブ★コン』（中原アヤ作）

こうした中性的なファッションや世界が好きな人のなかには、現実生活でも中性キャラやレズビアンキャラに耽溺していく方もいらっしゃるんです。でも、これらはあくまでもキャラ。セクシュアリティとはまた全然違うものなのです。でも女性の一〇代って、「私レズビアンなのかも?」とか「GIDかも?」と自分自身を誤解しやすい時期でもあるんです。

3．FtMの方に聞いてみました

一〇代の頃から仲の良い私のFtMの友人に聞いてみました。「どこからが本当のレズビアンなの?」と。直接的な表現になってしまいますが、その答えは、「好きな女性とキスや愛撫だけでなく、SEXまでできるか」が境界線だというものでした。

一〇代の精神的レズビアン（レズビアンノリの女の子）は処女率が高くて、SEXを嫌うの。しかしいざ気の合う男性と恋愛し、SEXをすると精神的レズビアンはキャラだっただけで、ヘテロ（異性愛者）になる子が多いんだよね。本当のレズビアンの人やFtMの人は自己確認のために男性とSEX経験したことはあっても興奮できな

くて、ノンケにはならず。女性とＳＥＸしてようやく満足できて、改めて「あー、私はレズビアンだったんだ」と再認識して、そこでようやくわかったり。場合によっては、そこでバイセクシュアルになる人もいるよね。

ＦｔＭの場合はレズタチ（レズビアンの男役）としてレズビアンの子と付き合ったことがあって、でもその彼女に女として扱われるのに違和感を覚えたり、海で女物の水着は嫌で男として男水着を着たくて。「あ～、自分はレズタチではなくてＦｔＭなんだ」って再認識してようやくわかったりね。

他の誰でもない、自分の彼女にどう思われたいかは結構重要で、レズタチとして見られていてどうか、男として恋愛したいか。だから俺はそのとき付き合っていたレズビアンの子とはそこで別れたよ。そのレズビアンの子はレズタチの恋人を望んでいたからね。そこで一気に自分のなかで定まったね。「胸を取る手術しよう！」とか決心したのもその時期。よく女子高生時代はスカートの下ジャージでした？とか聞かれるけど、全然（笑）。ちゃんと女の子の見た目してたよ。髪は長くなかったけど短髪でもない。なんかカッコ悪いのが嫌でさー。

話を聞けば聞くほど、ゲイやニューハーフやＭｔＦとはまた違う世界。前にも書きましたが、ゲイを装うノンケはまずいないですからね。

第4章

異性装嗜好者

1．トランスベスタイト

この章では異性装、つまり元の性別とは違う性別の装いをする方々を紹介します。異性装は英語で**クロスドレッシング**。クロスは交差する、ドレッシングは着る、装うの意味ですから、そのままですね。自分と異なる性の装い、ということで異性装。そういう人たちを**クロスドレッサー**や**トランスベスタイト**と呼びます。

この単語自体には、性癖や性的対象は含まれてこないので、異性愛者、同性愛者に関わりなく、異性装したい人はすべてクロスドレッサーということになります。でも、それだとややこしくなるので、本書では、ヘテロセクシュアルの異性装者を**クロスドレッサー**（略して**CD**）、ホモセクシュアルの異性装者を**トランスベスタイト**（略して**TV**）と呼ぶこととします。TVについては吉井が、CDについては鈴木がお話しします。

これは私（吉井）個人の意見ですが、異性装は、ヘテロセクシュアルかホモセクシュアルかを問わず、装う人のセクシュアリティというよりはむしろ、その人の性癖や趣味から

くるものだと思っています。ですから、CDやTVの場合、性自認やジェンダーがどうしたこうしたの話ではなくて、異性装を楽しんでいる人たちということになりますので、他の章で紹介しているカテゴリとは性質を異にするものとお考えください。

　TVは、「トランス」が頭に付くので、TG（**性別適合手術**が未完の方々）やTS（完全性転換者・性別適合手術済みの方々）と似ている感じがしますが、まったく別のものです。グループで分けると、①〈ゲイ・レズビアン・TV〉が同じグループ、②〈TG・TS〉が同じグループとなります。ちなみに③〈CD・ヘテロ・GID〉が同じグループになります。

　これらのグループ、どう違うと思います？　それはね、恋愛対象の違い。グループ①のゲイ・レズビアン・ＴＶは同性愛者と付き合って、グループ②ＴＧ・ＴＳはヘテロを好きになって、グループ③ヘテロ・ＣＤはヘテロ同士で付き合います。だからこの三グループなわけ。ではその三グループの例を四パターンを描いてみました。

グループ①：ゲイ・レズビアン・ＴＶの同性愛者で同性愛者が恋愛対象の場合

グループ②：ＴＧ・ＴＳのヘテロが恋愛対象の場合。

グループ③：ＣＤ・ヘテロ・ＧＩＤのヘテロ恋愛対象のＧＩＤの場合。

グループ③：ＣＤ・ヘテロ・ＧＩＤのヘテロ恋愛対象のＣＤの場合。

で、そのうち①と③はその2つの間を自分の意志で行ったり来たりできます（ゲイだけどたまにＴＶ、ＣＤだけど普段はヘテロとか）。②だけは手術するからＴＳからＴＧへは戻れません。ＴＧからＴＳへの一方通行のみ（5章参照）。

つまり、このTVとCDというのは、二四時間、年がら年中、常にTVやCDではないんですね。CDの目的の多くは、違う自分を楽しむためですし、閉ざしていた自己を解放するためなのです。TVは、パフォーマンスとして、あるいは仕事の一環としてという方がほとんどです。コスプレイヤーとしてそのキャラを装うときに異性装、というパターンもありますね。

ではそのTV状態で恋愛はしないのでしょうか？ ゲイの場合はまずないですね。ゲイでTVの人は、彼氏とデートするとき、一緒にいるときは、女装はせず、仕事のときだけ女装するというパターンが主ですから、それはまずないと言い切れるのです。芸能人でいうIKKOさんがそうです。メディアで「IKKO」として仕事をするときだけ女装をしています。夜の街でいうオカマバーのオカマさんもそうですね。仕事のときだけ女装。

ではなぜ女装して仕事をするのでしょうか？ それは世間が想像しやすいオカマさんのイメージだからなのです。ノンケからすると、それがおもしろかったり、興味の対象になったりし

て、ビジネスとして成り立つんですね。ゲイが男の姿のまま踊ったり歌ったり、オネエ言葉で接客したりするよりも、女装している方が表現方法が豊かになり、注目度も上がり、ノンケからも楽しんでもらえるようになりますし、打ち解けやすくもなるんですね。特に男性のノンケの場合は、ゲイが女装しているとしていないでは、だいぶ扱いに差が出てきます。同じ人間が同じことをしても、見た目や演出で全然違ってきますからね。そして、もちろんオカマさんやTVさんは女装を楽しんでますし、楽しんでもらおうと思っていますからね。

しかし、恋愛対象としては需要が少ないのです。ゲイで女装ゲイがタイプという人はほとんどいません、だから女装ゲイは、普段はゲイとしてゲイと恋愛します。なかには女装ゲイでノンケ好きのTG、TS予備軍という方もいます。「将来的には女性ホルモン打とうかなー。でもまだこのままでいいや」という未ホルモン治療状態のパターン。このパターンには、こういうあいまいな状態が好きな一部のノンケが存在し、需要がちゃんとあります。

このタイプは歳を重ねて男らしくゴツゴツとした身体に変わっていくと、「もう少し女性らしい体になりたいな。そうすればノンケさんとデートしてても恥ずかしくないし、せめて胸がBカップくらいあれば……。シリコンバッグの豊胸手術とかよりもホルモン治療でとりあえず小さくても女性らしい胸が欲しい。筋肉質な身体も嫌だな、スカートはくと足の筋肉が男らしくて嫌だな、ホルモン治療で女らしくしくできないかな?」とホルモン治療を希望して、そのままTGへと移行していく方が多いです。

このように、ノンケ好きゲイTVは、TVとしての恋愛が年を重ねるごとに難しくなっていきます。しかしレズビアンのTVの方は、異性装のままの姿でデートや恋愛する人も多いですね。世間的には、男装はボーイッシュでも通りますし、気持ち悪くないものだから、それができるのですね。これに対して、女装は世間的には、気持ち悪いとなりますし、カワイイ女装といえども違和感のある女装を見る一般の人々の目は冷たいですからね。

　ただし、東京には、新宿や秋葉原のような**セクシュアリティ迷子**※でも比較的受け入れられやすい地域があります。この二つの街は国内のセクシュアルマイノリティが治外法権を認められる街ともいえるでしょう。新宿はニューハーフやオカ

※セクシュアリティ迷子
自分のセクシュアリティが未確定の人々。

マ、ゲイや女装者、ギャル男からキャバ嬢、ホストや外国人、多種多様な人種が集まっていますからね。秋葉原も最近でこそ少なくなりましたが、未だに多種多様な**コスプレイヤー**※や女装メイド、**男装の麗人**※、こちらも人種・国籍問わずさまざまな個性の主張が許容される街ですから。

話がそれましたが、レズビアンTVの場合は需要がそれなりにあります。

ボーイッシュで男服しか着ないレズビアンのタチ（男役）を好きなネコ（女役）のレズビアンも多いし、ノンケの女性もボーイッシュで男に見えるビアンでタチ（男役）のTVには寛容だったりしますね。

※コスプレイヤー
アニメやゲームのキャラクターに扮する人々。吉井も学生時代はコスしてコミケやライブ会場に行ったりしたわ〜。

※男装の麗人
「男装の麗人」と言えば川島芳子のことですが、ここでは男装する女性のこと。

2．ドラァグクイーン

ゲイやレズビアンの異性装であるTV。これと似て非なる存在がドラァグクイーンです。ドラァグクイーンといわれる人たちは、普段はゲイという方がほとんどで、パーティーやクラブイベントのときにパフォーマンスとして装います。女装の域を超えたとてつもなくゴージャスな女装なんです。レズビアンのドラァグクイーンも最近ではちらほら見かけるようにもなりましたが、女性のドラァグクイーンの方たちは従来のドラァグクイーンのコスプレのような方が多いです。やはりドラァグクイーンは男の身体でやるからこそ迫力があり豪華なのです。

特徴としては、二〇センチ近い高いヒールを履いて、普通に売られているような女性のドレスではなくて、パリコレのオートクチュール的ドレスで身を包み、つけまつ毛は黒い羽のようにバサバサと、唇はミラーボールのように輝くピンクラメ、女らしさを超越し揶揄して楽しみ、なおかつ豪華で派手にしたアーティスティックな化粧をして、ヘアスタイルはまるで映画『オペラ座の怪人』でミニー・ドライヴァー扮するプリマドンナ・カルロッタがピンクのドレス（ローブ・ア・ラ・フランセーズ）を着ているときのあのヘアスタイル！　マリー・アントワネットの一七世紀のロココ時代、フランス宮殿を中心に流行した、あの天井にも届きそうな大きなウィッグ（かつら）をかぶり、仕草や振舞いはとにかくゴージャ

スー！いちいちゴージャスー！

ドラァグクイーンを仕事としてやっている方はほとんどいなくて、こうした方々は普段は別の仕事なさっていて、パーティーやイベントのときにだけ純粋にパフォーマンスとしてドラァグクイーンになるのです。ちなみに、ドラァグとは「引きずるdrag」の意味で、「ドラッグ（薬物）drug」ではありませんよ。「ドレスを豪華に引きずる」とか「性別を引きずる」などの意味合いです。

ゲイ＆レズビアン側のトランスベスタイトはこういう感じ。ではノンケ側のクロスドレッサーは鈴木先生にお話ししていただきましょう。

3．クロスドレッサー・パフォーマー女装

ここで奈々さんから私にバトンタッチ。**クロスドレッシング**（**ヘテロセクシュアルの異性装者**）についてみていくことにしましょう。

私たちの社会では、日常的・社会的に、女性による男装が許されているのに対して、男性による女装は社会的に許されていません。女性はスカートもズボンもはけますが、男性がスカートをはくことはほぼ許されません。しかし、女装はそれを「パフォーム（演じる）」空間＝舞台があり、見せる側（パフォーマー）と見る側（オー

ディエンス）の関係が成り立てば、許されるのです。

パフォーマー女装の本質は「笑える」、あるいは「おもしろい」という角度で「魅力的と思わせる」ところにあるといってよいでしょう。したがって、日常的な空間に女装が常時入り込むことは許されないのです。

女装が日常的に許されるのは〈一般女性の装い〉と同等、あるいはそれ以上のときだけです。「女の子にしか見えない可愛らしい」女装や「女性よりも美しい」女装は、すでに女装の域を超えています。その「女の子にしか見えない可愛らしい」〈女装〉の例としては男の娘《オトコノコ》（八章参照）、「女性よりも美しい」の例としては、美輪明宏さん、ピーターさんですね。御両人はある意味で超越的、究極的といってもよいような美を体現しているのです。

4．カミングアウトする趣味女装

趣味女装は、自己愛、フェティシズム、性癖からくるもの、といってよいでしょう。そうした女装をする人たちを**趣味女装者**※と呼びます。

趣味女装者は、ノンケ（ヘテロセクシュアル）の人がほとんど。彼らの多くは自宅で、あるいは**女装クラブ**※で、そして今ではインターネットというサイバースペースにおいて女装します。

※趣味女装者
クロスドレッサー（略してCD）と同じ意味です。

※女装クラブ
趣味女装を楽しむクラブ。「エリザベス会館」は女装クラブの老舗中の老舗。

ここで一人の趣味女装者を紹介することにしましょう。

彼は私の長年の親友でもあります。彼は私と同い年。女装歴は変声期前、小学生のときからだといいますから、筋金入りのCD（クロスドレッサー）です。最初の女装は自宅で、母親のワンピースであった、とのことです。下着もつけてみたところ、それまで経験したことがない満ち足りた気持ちになった、といいます。

当時、女装という言葉はすでにあったと思います。しかし、奈々さんもいうように、趣味であろうがなかろうが、その頃は、女装者もオカマでした。この初めての女装以降、彼は自身がオカマなのかそうでないのか、ちょっと専門的な言い方をしますと、**セクシュアリティ**（同性愛者なのかな?)、**ジェンダー・アイデンティティ**※（私は女なのかな?）について悩み続けることになります。本人が言うには、「その頃の女装姿は可愛かった」とのことですが……。

しかし、第二次性徴を迎え中学生になると、すね毛が濃くなり、声も低くなり、身体が男性化してきます。ひどく絶望したのは、小学生のときに着られた例のワンピースが着られなくなってしまったときだった、と彼はいいます。中学に入ると、部活一筋となり、女装をしなくなった。というよりは、女装したい気持ちを抑圧したそうです。

しかし、抑圧された気持ちは必ずといって解放を求めるものです。高校のとき、女装したい気持ちが抑えきれなくなり、ときどき女性用下着（パンティ）をはいて学校に通ったとのこと。ブラは透けて見えたりするため、リスクが高く、持ってはいたが、学校にしていくことはなかった、とのことでした。

女装者のなかには日常的な**インナー女装者**※（アウター［洋服］による女装ではなく、インナー［下着］による女装者を指します）がいるそうですが、そのようなことは当時の彼には知る由もありませんでした。彼がインナー女装者の存在を知ったのは、ずいぶん後になってからでした。

当時の彼は、自分が変態、変質者の類に入るのではと思い悩んだそうです。セクシュアリティについても同様です。男性が好きで女性として愛されたいのか、と自問自答したそうですが、そうではありませんでした。第二次性徴を迎えて、声変わりし、体毛が濃くなり、

※ジェンダー・アイデンティティ
日本語に訳すと「性同一性」となります。

※インナー女装
インナー女装者の世界をドキュメントしたものに青山まり著『ブラジャーをする男たちとしない女』（新水社）があります。

男性化する体が嫌だった。かといって、女性になりたいわけではなかった。ただ、男性的ではない体のままでいたかった。彼の場合、女装は、男性化する身体への抵抗として始まったようです。

しかし、身体がすっかり男性化してしまうと、あきらめざるをえませんでした。男性化してしまった身体、顔、声はもうどうしようもありませんでした。「女装者は非日常的な空間で、限られた時間で女装する。それでよしとするのが女装者なのだ」と彼は言います。当然、日常的に許されるのは、隠された、インナー女装でしかない、というわけです。

この友達のことを奈々さんに話したら、奈々さんには「それは趣味女装の変態。でも変態は嫌いじゃないわ（笑）」と一言で片づけられてしまいました（笑）。

このように趣味女装は世間一般では変態に分類されるわけで、社会的に許されるのは、非日常的な舞台が設定され、パフォーマー（女装者）とオーディエンス（観客）との相互作用が成り立つときでしかありません。オーディエンスが女装者に対して「おもしろさ」を求めるとき、女装者は明らかに男とわかる不完全な女装を

して、舞台に上がります。

それとは対照的に、オーディエンスが女装者に対して（一般女性以上の）可愛らしさや美しさを求めるとき、女装者は女性と同様に可愛く、あるいは女性以上に美しい完全な女装者として、舞台に上がることとなります。女装が一方で「お笑い」の対象となり、他方で「称賛」の対象となるのはこういうわけなのです。

この点に関連して、学校の先生でもある私の友人は、授業で二種類の女装実験を行ないました。ひとつがクリスマス間近に行なった〈ミニスカサンタ女装〉、もうひとつが生徒には何の前触れもなく突然行なった〈地味な女装〉です。クリスマス女装は、ミニスカートのサンタクロースの衣装、白タイツ、赤のブーツ、ロングのウィッグに赤い帽子、今時のメイクアップで、彼にとっては完璧なパフォーマー女装です。

反応はどうだったかといいますと、彼曰く「女子にはとてもウケた。でも男子の反応は良い・悪い、きれいに真っ二つにわかれたんだよ」と言っていましたが、彼の女装を見たことがある私からすると、「引いてしまった男子が明らかに多かっただろう！」と、心のなかでツッコミを入れてしまいました。

一方、地味な女装の方は、女性事務員を完璧に演じるべく、事務員風スーツを着込み、地味な黒髪ストレートボブのウィッグをつけ、年相応のメイク。授業開始直前の教室に、その事務員女装で現れて、生徒たちにアナウンスというパフォーマンス！

「先生の到着が遅れています。三〇分ほど遅れるかもしれませんが、お休みではありませんので、このまま教室で自習してください」。

　彼が生徒に後で感想を聞いてみたところ、何人かは「本当に事務の人が先生の遅刻を告げに来た」と思ったようで、先生の女装だと気づいた生徒は「お母さんに似ている」、「中学の英語の先生にそっくり」といった地味な感想が多く、その女装は予期せざる結果となったそうです。つまりパフォーマー女装というよりも趣味女装のベクトルに寄ってしまったんですね。

　パフォーマー女装は、不完全で不安定であるがゆえに、おもしろいし、楽しいのです。たとえていえば、女装はモノマネに似ています。モノマネ芸人が本物の歌手を誇張して笑わせてくれるのと同じで、男の女装は誇張して女を装うから見ていておもしろいし、やっていて楽しいのです。だからパフォーマンスなのです。たとえば、日本の宴会芸。女装はウケる宴会芸の定番（まさに宴会芸の鉄板）ですものね。

　最近では女装のスタイルやマスコミの取り上げ方も変わってき

派手でナンボ！笑わせてナンボ！
だってぃオカマですものっ

ていて、一種の**女装ブーム**※が起きたりもしています。それはマスメディアによってしかけられた、ともいえますが、女装がカジュアル化しつつあることは注目してよいと思います。

「女装パラダイス」（二〇〇五年四月〜二〇〇八年九月までTBS系で放映されていた『学校へ行こう！ＭＡＸ』の一コーナー）や、「アニコレ」（現在〔二〇一一年〕、テレビ朝日系で放映されている『お試しかっ！』の一コーナー）といったバラエティ番組内の特集は、もともと「女装者」ではない、いわゆるノンケの男子学生やお笑い芸人の女装が大評判になり、大人気のコーナーとなりました。

私もこのコーナーは毎回楽しみにして見ていましたが、正直いって、番組で女装した男子学生は、普通の女の子よりも可愛かったです。お笑い芸人の方は、可愛い女装者から笑える女装者までバラエティに富んでいました。

しかし、これはスタジオという舞台、女装させるスタッフ、盛り上げ役のオーディエンスがいて初めて許され可能となる世界なのです。いずれにせよ、完璧な女装には、何よりもまず、高度なファッションセンスとメイクアップ技術が必要とされます。これを一人の男性が習得するのは容易ではありません。

現在、趣味女装者の世界は劇的な変化を遂げつつあるようです。インターネットの登場です。インターネット※を通じて、ウィッグ、洋服、靴、下着、メイクアップ用品等々、女装に関するものはすべて手に入れることができます。動画のサイトでは、女装姿をアップし

※女装ブーム
メディア（テレビ）で何度も組まれるのが「女装」プログラム。古いところだと『さかさまショー』に始まり、最近だと「女装パラダイス」「アニコレ」につながります。こうしたメディアによって「女装ブーム」が作り出されるといって間違いないでしょう。

※インターネット女装
女装者サイトは本格的なものから「?」なものまでこれまた多様な世界のようです。「女装」で検索してみると、あなたの見たことのない世界が広がります。

たり、女装者のためのメイクアップ講座なる動画をアップしたりしている女装者もいます。インターネットはこうした趣味女装者同士の友だちやパートナーを見つける出会いの場でもあるんですね。

ここ十年、こうしたIT技術の進歩によって、女装術と女装者は確実に進化したようです。しかし今もなお、趣味女装はインターネットや女装クラブという閉じられた空間においてのみ許されているものなのです。

5. 日本の趣味女装・アメリカの趣味女装

先ほど登場してもらった私の友人。彼は、物心ついたときから、女装者であったと言います。ですが、彼はノンケ（ヘテロセクシュアル）で、普通に女性と結婚し、子どももいます。でも、こうも言うのです。「もしも初めての親密なパートナーが男で、そのパートナーに『君を女として愛したい』と言われたならば、トランスセクシュアルになったかもしれない」と。

こうして見てみると、私たちのセクシュアリティやアイデンティティは安定しているように見えますが、実は不安定なもの、流動的なものなのですね。

友人のはじめての親密なパートナーは女性。それ以来彼は、ヘテロセクシュアルなのだと思います。しかし仮に初めての相手が男であったならば、彼はゲイ、あるいはトランスセクシュアルを自覚したかもしれません。

　でも、趣味女装者のほとんどはノンケです。彼らにとって、女装は自慰行為・自己愛・性癖の解放・フェティシズムなのです。彼らがクローゼットから出ても、日常的に女装するというわけではなく、限られた空間でのみの女装、ということになるのです。

　これに対して、トランスセクシュアルがトランスセクシュアルであるのは、そのパートナーとの関係において、と考えるべきではないでしょうか。

　ただ一人、あるいはお祭り的な空間においてのみ女装する趣味女装者とは異なり、トランスセクシュアルは、〈今・ここ〉にいる親密なパートナーとの関係があるからこそ、外面的＝身体的な移行のために、美容整形手術や性別適合手術を、人工的ではありますが、自然な行為として実践していくのです。

　それでは、アメリカの趣味女装者はどうでしょうか。

　アメリカに、ジョアン・ロバーツ（JoAnn Roberts）というクロスドレッサーがいます。彼女は趣味女装が高じて、「レディー・ライク（Lady Like）」という同人誌を発刊したり、「女装して行

く、マイアミ三日間の旅」といったツアーを企画したり、自然な女装であるためのハウツーをビデオ化したりと、とても楽しそうなCDライフを過ごされてきた方です。

ジョアンに私（鈴木）がコンタクトを取ったのは九〇年代初めの頃。その後、時代は大きく変わりましたが、クロスドレッサーとしてのジョアンの活動はますます活発化しているようです。

ジョアンが活動として行なってきたのは、女装に関する情報提供です。「レディー・ライク」は、ジョアンのコラムに始まり、女装用品の通販先から書籍の紹介コーナー、そして「今月の女装者」といった読者紹介のようなコーナーもあり、女装写真も満載で、女装に関するありとあらゆる情報を扱っています。

ジョアンは、アメリカのトランスジェンダリストということになりますが、彼女は多くの人権派のトランスジェンダリストとは対照的に、「クロスドレッサーにも人権を！」とか「女装を社会的に認めて！」といった主張はしません。アメリカのトランスジェンダーの人たちの多くは「人権」派といってよいでしょう。彼女はヘテロセクシュアルであり、一般女性と結婚をし、子どももいて、普段は男性として生活しています。女装を楽しみたい時だけ、女装をするのです。

でも、独りで自宅で女装するということはしません。「みんなで楽しもう」というわけです。

ジョアンの活動はインターネットができる前からですから、もう何十年も続いています。

活動の初期に、彼女は『トランスジェンダー・コミュニティ・リスト』をつくって、トランスジェンダーの情報交換をできるようにしました。この州のここには女装者のこんなグループがいて、こんな活動を行なっていますというリストです。インターネットができる前ですから、このリストは画期的なものだったのです。

ジョアンは、女装をみんなで楽しみたいから、グループをつくりましょう。ときには、みんなで買い物にも行きましょう。そして旅行にも行きましょうというわけです。でも、ジョアンは、「女装とするといってもTPO（時と場所と場合に合ったやり方）を間違えると、大変なことになるわよ！」というスタンスで、社会で受け入れられる女装のハウツーをブックレットにまとめ、「レディー・ライク」誌で啓蒙を続けてきたのです。

女装を認めてと主張するのではなく、女装を楽しむこと。これがよいのではないでしょうか。特にノンケの趣味女装者の場合。じゃないと、世間の人から冷たい目で見られますよ。これはジョアンと私たちからのメッセージです。

私は女装者ではありませんが、今度、試しに授業で女装してみようかしら？（笑）

第5章 トランスジェンダー

1．身体を変えていくトランスジェンダーとホルモン治療

前章では、私、吉井がＴＶ（トランスベスタイト＝同性愛者による異性装）についてお話ししました。本章1・2節では私がＴＧ（トランスジェンダー）について3節で鈴木先生がお話しします。でもこのトランスジェンダーという言葉は、ＴＳ（トランスセクシュアル）までの移行期を指す場合もあれば、セクシュアルマイノリティすべてを指す場合もあり、とても意味が広いのが問題です。本書ではこれを狭い意味でとらえ、トランスセクシュアルまでの移行期と定義します。

まず私（吉井）が、性別移行中（身体改造中）のトランスジェンダーについて語ろうと思います。そして鈴木がトランスジェンダーをめぐる論争について整理します。

最初に私の方からトランスジェンダリストではない方々の場合から説明していきます。

まずは前章のおさらいですが、恋愛対象の違いよって分けた三グループ（詳しくは前章参照）のなかに、女装ゲイでノンケ好きのＴＧ、ＴＳ予備軍とされていたグループがいました

せめて胸だけでも欲しいのよね〜
バッ
アタシはパッド入れるだけでも満足よ〜♪
ゆさゆさ

ね。そのグループに属するある人をＡさんとします。「将来的には**女性ホルモン**※打とうかなー。でもまだこのままでいいや」という未ホルモン治療状態だった当時一〇代だったＡさん。二〇代になり「もう少し女性らしい体になりたいな」と悩み始めました（もちろん悩み方は個人差ありますよ）。それで、**ホルモン治療**※を始めたならば、この段階でＴＧの仲間入り。ＴＶからＴＧへ移行したといえます。もちろん女性から男性への移行も同じような経緯で進んでいきます。

　このようなＭｔＦやＦｔＭの方が水商売で働いているときは、ほとんどの場合、ＭｔＦはオカマさん、ニューハーフさん。ＦｔＭはオナベさんかミスダンディーさんと呼ばれて働いていています。やがて**性別適合手**

※女性ホルモン
男性から女性への身体の女性化を行なうときに使用します。

※ホルモン治療
女性ホルモンは比較的安価で簡単に入手できてしまいますが、身心への影響は大きく、医学的にもウツの原因になりやすいと言われているの。軽い気持ちで手を出さないでね。

術（＝略して、ＳＲＳ。いわゆる性転換手術）で身体が変わりＴＧとなると、水商売を離れていく方もいらっしゃいます。またもともと水商売以外で働いているＴＧもいます。

この場合は、ＴＧであることを職場でカミングアウトせずに働ければ、当人にとっては理想的なのですが、そうもいかないことが多いのが現実でしょう。例えば、就職の際、**住民票**※等の公的書類の提出を求められた場合にはＴＧをカミングアウトしなければなりません。なので上司や同僚の一部にだけＴＧであるとカミングアウトして、書類をクリアするツワモノもいます。バイトなどでしたら難しくないかもしれません。ちなみに、この段階では戸籍の性別は変えられませんが、改名はできますので中性的な名前に変えて働いている方もいらっしゃいます。

ではホルモン治療でどのように効果が出てくるのかを簡単に説明しましょう（すべて個人差があります）。

男性から女性（ＭｔＦ）へのホルモン治療は、エストロゲンとプロゲステロンを体内に取り込むことを指します。逆に女性から男性（ＦｔＭ）へのホルモン治療は、テストステロンを体内に取り込むことを指します。

ＭｔＦホルモン治療の場合は、身体的な変化として、筋肉の減少、肌のキメが細かくなる、脂肪の付き方が変わる（骨盤付近に脂肪がつくようになる）、頭髪の増加（薄毛の改善）と髪質の変化（柔らかくなる）、乳房・乳腺の発達でバストが膨らむ、皮膚表面の血管が目立

※住民票

最近性別の記載欄が住民票から消えてはいますが、健康保険証には男女の性別が記載されています。もっとも、名前でバレるということもあるわよね。

たなくなる、男性としての性機能が低下（勃起不全＝ＥＤ・精子の生産が停止または、大幅に低下・ペニスの萎縮）などがあげられます。そして精神的に男性としての性欲低下がみられます。

次にＦｔＭホルモン治療の場合は、まず身体的な変化として、筋肉の発達（丸まった体型から、筋肉質な体型へと変化）、肌のキメが粗くなる、ひげや体毛の増加、にきびの増加、脂肪の付き方が変わる（皮下脂肪よりも中性脂肪の量が増える）、脂肪が落ちて骨ばってくる、皮膚表面の血管が浮き出て目立ってくる、頭髪の減少（薄毛・はげ）と髪質の変化（剛毛になる）、声が低くなる、女性としての性機能が低下（生理不順もしくは生理が止まる、陰核の肥大化）などが起こります。そして精神的に男性としての性欲増加がみられます。

注射によるホルモン治療の場合ですと、月に一、二回の治療で半年もしないうちに何かしら効果は見えてきますが、同時に副作用も現れてきます（変化と同様、個人差があります）。人によってはホルモンを投与した日はダルくて、ボーっとしちゃったり、お酒に弱くなったり、イライラしたり、喜怒哀楽が激しくなったり、情緒不安定になることもまれにあります。抑うつ状態になることもあります。また、不眠症、のぼせによるほてり、過食など、これ以外にもさまざまです。

だから必ずＧＩＤ治療に詳しい病院で、専門の医師のもとホルモン治療を行なってください。専門医の下でなら定期的な血液検査でコレステロールの増加や動脈硬化、血栓症、肝

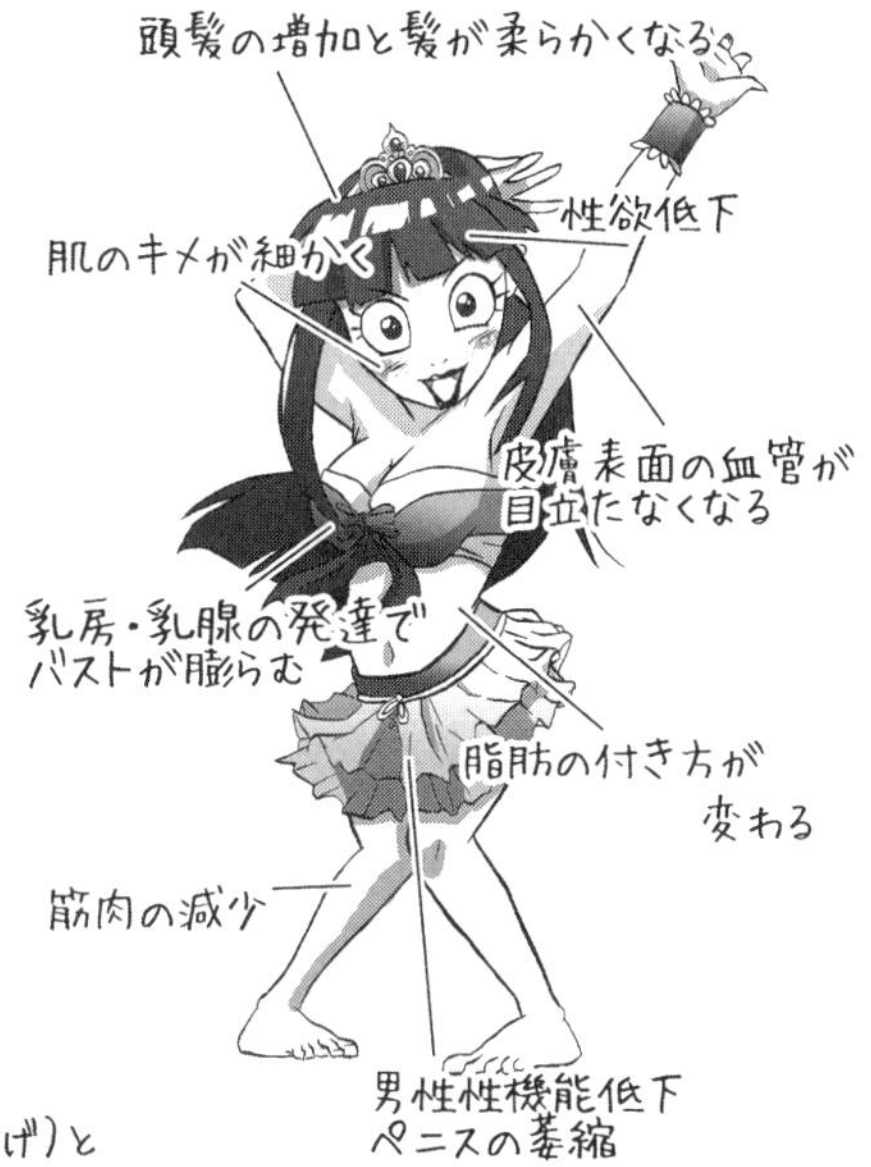
頭髪の増加と髪が柔らかくなる
性欲低下
肌のキメが細かく
皮膚表面の血管が
目立たなくなる
乳房・乳腺の発達で
バストが膨らむ
脂肪の付き方が
変わる
筋肉の減少
男性性機能低下
ペニスの萎縮

頭髪の減少(薄毛・はげ)と
髪質の変化(剛毛になる)
性欲増加
肌のキメが粗くなる
声が低くなる
にきびの増加
ひげや体毛の増加
皮膚表面の血管が
浮き出て目立ってくる
脂肪が落ちて
骨格が目立つ
筋肉の発達
女性性機能低下
生理不順・生理が止まる
陰核の肥大化

インターネットでのホルモン薬購入は、オススメしません♥

機能障害、などさまざまな副作用の検査を行なえます。また、経験者に話を聴くのもいいでしょう。

最近はインターネットの**個人輸入代行サイト**※等で医師のカウンセリングのないまま購入する方が増えてきています。確かにグレーゾーンで違法ではないかもしれませんが、オススメできない行為です。きちんとカウンセリングを受けるか、専門的な人からアドバイスをもらってください。

重ねて言いますが、ホルモン治療は安易な気持ちでしてはいけません。治療を始めて一度、身体が変化してしまうと、なかなか元には戻りません。また、面倒くさくなったりして急にホルモン治療をストップしてしまうと、それまで抑えつけられていた方のホルモンが急激に増加して、ホルモンバ

※個人輸入代行サイト
医薬品、医薬部外品などを個人が自分で使用する目的で、薬事法に定められた制限内の数量であれば、個人輸入が認められている。ビタミン剤は四カ月分以内、医薬品は二カ月分以内、ただし要指示薬（使用にあたって医師の指示が必要な医薬品）は一カ月分以内。この要指示薬は日本では医師の処方箋が必要な薬だが、海外では薬局やスーパーマーケット等で売られ、誰でも簡単に購入できるものがある。このような医薬品を個人輸入することは、日本においても発送国現地においても違法ではない。ただし、日本国内で販売される医薬品は有効性と安全性が認められているが、個人輸入した海外の医薬品を使用するにあたっては、安全性の保障は一切ないということから厚生労働省は注意を促している。
MEDIX3出典
http://www.medix-ltd.com/misc/kojinyunyu.html

ランスを崩します。たとえば、MtFの場合は多毛症になって今までなかった部分に毛が生えてきたり（胸毛とか、指毛とか）してしまいます。

一度始めたら、ちゃんと半永久的に続ける必要性がありますので、その覚悟が必要です。確かに値段的にも外科的手術よりお手軽で、自由診療でこちらの言うとおりに治療してくれる病院も実際にはあります。しかし効果も副作用もすべて自己責任なのです。年齢的にも、経済的にも、社会的に自立していることが前提となる治療なのです。アイデンティティやセクシュアリティは未成年のうちは未完成なものです。親や友人が勧めたり、親のお金で未成年のうちにホルモン治療を始めるというのは、法律どうこうの問題ではなく、私は賛成できません。

2. 身体を変えていくトランスジェンダーと二つの外科手術

それでは次に外科手術による移行期の女性化と男性化についてお話ししましょう。

ここでの外科手術は大きく分けてMtFの豊胸手術と睾丸除去の去勢手術やFtMの乳腺摘出手術と子宮・卵巣摘出手術の二つまで、要は上半身の移行手術と、下半身の生殖能力（子供をつくる能力）をなくすまでの二つまでね。外性器をつくる手術（性別適合手術）は6章のトランスセクシュアル（TS）の手術に当たります。なぜ外性器をつくる手術だけTS

に分けるのか。それはこの二つの手術までで終わらせるＦｔＭやＭｔＦがものすごく多いから！　特にＦｔＭさんは外性器をつくる手術まではしない人が本当に多い。それはなぜかをお話ししますね。

ＭｔＦの性別適合手術よりもＦｔＭの性別適合手術の方が難しくたいへんだから、という理由もありますが、もうひとつ大きな理由があります。それは、性別適合手術をしなくても、ＳＥＸの段階までいかなければＦｔＭとあまり気づかれずに男性として生活できるから、という理由なんですね。社会生活上でパス（バレないで生活の意味）しやすいのはＭｔＦよりもＦｔＭなんですね。

では、なぜＦｔＭはＭｔＦよりもパスしやすいかを見た目の問題である外見・ファッションで説明していきましょう。

胸さえ平ら（乳房切除手術済み）であれば、男性ファッションは私服、仕事着、着たい服を自由に着られます。水着姿で海やプールにも行けます。わざわざ男性器の膨らみを強調した服や水着はヘテロ男性も着ないですね。下着姿のボクサーパンツ等になる機会があってもシルエット（膨らみ）だけならパッドのようなイミテーションでごまかせますね。

しかしＭｔＦの場合はどうでしょうか？　胸の問題はＦｔＭ同様それなりに治療が必要ですね。豊胸手術までしなくてもホルモン治療で男胸から女胸へＡカップ位は最低限必要でしょう。それだけで私服、仕事着は選べば着られるかもしれませんが、女性の服は女性らしさ強調のために体のラインを出す服（スキニーパンツとか）が多いんですよね、ＦｔＭほど自由には選べません。水着ならなおさら。なんとか無理やり本書ＴＧキャラクターのようにミニスカート状のパレオ等で誤魔化しても、いくら固いガードルや前貼りで押さえても、膨らみをまったく気にしないで遊べないでしょう。最低限でも玉抜き（睾丸摘出手術）はしないと。そして下着姿はもっと無理ですね、玉抜きの去勢手術だけして、ペニスがとても小さくなった方は奇跡的に隠せたりもしますが、ふつうはまず無理。ＦｔＭは膨らませれば何とかなりましたが、ＭｔＦは膨らんでいる状態を平にすることは手術なしだとかなり無理があります。

そういった理由で、裸にならなくてもバレてしまうのがＭｔＦ。裸にならないとバレないのがＦｔＭ。その差は社会生活でパスするためには大きな差です。

ここまでは自分と社会生活について考えてきましたが、では自分とパートナー（恋人）との間では、性別適合手術はＭｔＦとＦｔＭでどれくらい必要性が違うかを説明していきましょう。

恋人関係になれば避けられないのがＳＥＸ。性別適合手術を終えて外性器も作ったＦｔＭの友達に聞くと、「ノンケ彼女と付き合って初のＳＥＸでも、胸だけ手術していればお互い裸になってもヘテロ彼女は意外と違和感なくＳＥＸのムードになるし、基本は指とか愛撫が主体のオーラルＳＥＸで満足させられるように頑張るね。性別適合手術した後も、それはあまり変わらなかったかな～。術前術後問わず、自分が感じるより相手が感じてくれている方が好きだから、術後も作った外性器はそこまで使ってないんだよね（笑）」と言います。

しかしMtFの場合「ノンケ彼氏と付き合って初のSEXは、どうしても受身。そして合体（挿入）が基本的に必須だよね。そうするとやはり合体するための凹が必要。合体の際にはどうしてもこっち（MtF側）の性器も見えてしまうわけで。手術前の性器が見えてしまうとノンケ彼氏は千年の恋も冷めて、元気がなくなってしまうわけで（笑）。冷めてしまうといくら私が頑張っても合体できないので、性別適合手術までするMtFが多い」というわけ。

そう、SEXに至ってはMtFさんの頑張りだけではどうしようもなくなってしまうの。これがFtMとMtFが性別適合手術までするかしないかの大きな違いかな。だからFtMの方はTS（性別適合手術を終えた方々）よりTG（性別適合手術が未完の方々）の方が多いんです。でもこの比率は、今後の医療の進歩とともに変化して、TSに移行していくFtMが増えていくかもしれないですね。

ではその手術内容の概要を説明していきましょう。まずは上半身から。

MtFの場合、豊胸手術ですね。この手術はTGやTSのために開発された手術ではなく、もともとヘテロ女性が小さい胸の悩みを解消するための、また乳癌治療のためになくなった乳房を人工的につくる手術とほぼ同じなので、全国の美容外科で手術できますし、手術方法も医療の進歩とともに多種多様なやり方が出てきています。メジャーな方法としては、シリコンバッグや食塩水バック、最近はバッグではなくヒアルロン酸を注入する方法もありますね。または自分の脂肪を注入する方法もあります。さまざまな方法がありますが、MtFで主流なのはやっぱりシリコンバッグ。MtFが入れた場合は一番形がキレイだからね。

ヘテロ女性とMtFが豊胸手術するのは注意する点が少し違います。もともと少しでも胸というものがあり、皮膚も柔らかくて伸びやすい女性は美容外科で薦めてくれる豊胸手術でしたら比較的どの手術方法でも、それなりに綺麗で、それなりに柔らかい胸ができます。しかし、もともと男性の胸は大胸筋とわずかな脂肪だけで皮膚も伸びにくいですから、MtFの豊胸手術を数多く経験した医師でないと形も綺麗ではなくて、柔らかさもない、カチカチのブサイクおっぱいのできあがりとあいなります。もちろんいくら技術の優れた医師にお願いするとしても、手術前の段階でホルモン治療をして少しでも胸を膨らませ、皮膚が柔らかくなっている方が仕上がりが良くなるでしょう。ちなみにシリコンバッグは満足できなかったりした場合、大きさ等の変更が可能です。

FtMの場合は、乳腺切除手術ですね。乳癌の乳房切除手術とはまた手術方法が違います。乳癌手術の場合は目的が美容ではなく治療ですから、美容整形外科医ではなく一般の外科医が執刀し、極力摘出する部分は少なく、しかし場合によっては皮膚や乳首すべてを含む全摘出する場合もある手術。しかしFtMの乳腺切除手術は、見た目を整える手術ですから美容外科で行ないます。小さい傷口（主に乳輪）から乳腺を摘出し、同時に乳首縮小手術を行なう場合もあります。FtMの手術もMtFの手術も美容外科手術扱いなので保険適用外。ですから、手術費用も五〇～百万円くらいと高額。しかし、加えて、しばらくの期間はとても重度の痛みを伴います。しかし、この手術だけでも、術後の社会生活は大きく変わりますね。

そして次に下半身の生殖能力をなくす手術。

MtFは睾丸摘出手術ですね。これは男性のタマタマだけを玉袋から取り出します。傷口は二～三センチと小さく、回復も早いです。男性ホルモンのほとんどが精巣から（他、副腎から約五パーセント）分泌されますから、精巣である睾丸がなくなれば一度の施術で大きく女性化が進みます。

FtMは、子宮・卵巣全摘出手術ですね。これはおへその下あたりから子宮と卵巣を切除します。傷口は二～三センチと小さく、回復も早いです。女性ホルモンのほとんどが卵巣から（他、副腎から約五パーセント）分泌されますから、卵巣がなくなれば男性

化が促進され、当然、生理もなくなります。

この下半身の生殖能力をなくす手術は、安全性や成功率に関しては実績があるため、比較的安心して受けられる手術です。睾丸摘出手術は、睾丸腫瘍や前立腺癌、子宮・卵巣全摘出手術は、婦人病（子宮筋腫、子宮癌や卵巣癌、子宮内膜症など）のための手術で頻繁に行なわれていますし、研究も重ねられています。しかし、ホルモン治療とは比べものにならないくらい後戻りはできない手術です。安易に手術をすることはオススメできません。

では次に鈴木先生にトランスジェンダーをめぐる論争を整理してもらいましょう。

3. トランスジェンダーをめぐる論争

トランスジェンダーのとらえ方には二つあって、ひとつは「性別を越境する、現象あるいは人々」というもの、もうひとつは「性別移行中、あるいは性別移行中の人々」というものです。

前者のとらえ方をすると、ホモセクシュアル（ゲイ・レズビアン）、バイセクシュアル（ヘテロ＋ホモ）、アセクシュアル（ヘテロでもホモでもない）、インターセックス（両性具有者）、トランスベスタイト＝クロスドレッサー（異性装者：女装者・男装者）、トランスセクシュアル（MtF、FtM）など、すべてのセクシュアルマイノリティがトランスジェンダーに含み込まれることになり、性の多様性を表す際にはもってこいのコンセプトとなります。

こうしたトランスジェンダーを〈生き方のスタイルのひとつ〉という風に考える方々からは、「性の多様性を認め、共生社会の実現を」とか、「男らしさ、女らしさでなく、あなたらしさで」とかいったスローガンが出てきたりするわけです。

これに対して、後者のとらえ方をする方々は、トランスセクシュアルのひとつ前の段階と考えます。トランスベスタイト→トランスジェンダー→トランスセクシュアルという過程のひとつなわけです。

トランスジェンダーを前者のようにとらえてしまうと、セクシュアルマイノリティであれば、何でもトランスジェンダーということになり、混乱してしまいます。

私たちが与するのは後者の方です。とはいっても、私たちは前者の「トランスジェンダーという生き方」や「あなたらしさ」を否定するつもりはありません。むしろ「生き方としてのトランスジェンダー」という考え方には共鳴します。また、私たちも「トランスセクシュアル＝性同一性障害＝病気」としてとらえることには反対です。たとえば、奈々さんも「それは病気ではない」とハッキリ言い切ります。ニューハーフさんのなかでも、完全性転換まで至らないトランスジェンダーのニューハーフさんもいらっしゃいます。こうした方は病気なのでしょうか。答えは「NO」です。

トランスジェンダーを生き方として主張している人たちの先駆け的存在である蔦森樹さ

んは「男女差別の元凶はこの戸籍の性別欄にこそある。廃止してしまえ！」という主旨の主張をされています。主張としてはユニークだと思いますが、少々過激で、実際に戸籍の性別欄、ひいては戸籍それ自体が廃止されるとは今のところ考えられません

　また蔦森さんは「男でもなく、女でもなく、トランスジェンダーとしての生き方」や「ジェンダー属性（gender attribution：自分がどちらの性別に属するか）は自分で決める」といった主張をしていますが、私たちはこうした意見にも賛成しかねます。

「性別にとらわれない生き方」とはどんな生き方なのでしょうか？　理想としてはわかりますが、では「そう生きなさい」と言われてもどう生きていったらよいのかわかりません。自分の性別は自分で決める。これも理想としてはわかります。でも、私たちの性別は実は社会的に与えられているものなのです。

　それでは、奈々さんはトランスジェンダリストでしょうか。性を越境したという意味ではトランスジェンダリストですが、トランスジェンダリズムを生き方として実践してはいません。その意味ではトランスジェンダリストではありません。

奈々さんはさまざまな方々との関係において、セクシュアリティとジェンダー・アイデンティティについて悩み、悩み抜いた末に、女というジェンダー・アイデンティティを確立し、女に性を転換しました。

「男でもない女でも生き方」を主張するトランスジェンダリストは、男、女という性別の二分法に反対する方々です。ニューハーフさんに対しても批判的で、ジェンダー属性は自分が決める、と主張します。これが**性別の自己決定権**※です。そして、「ときに男、ときに女、ときに男でも女でもない存在として、性別にとらわれない生き方をしていこう。多様な性を認めよう」と主張しています。

トランスジェンダリストの理想には私たちも共感しています。男の論理は、男中心の世界を正当化し、逆に女の論理は、女中心の世界を正当化します。男中心社会に対して、女の視点から相対化することによって、女性解放への途が開けました。でもそれまで抑圧されてきた反動、といったら何ですが、「女はこれまで差別されてきた。だからこれくらい何なのよ」と女中心の論理を押しつけてしまったらどうでしょう。男性排除の思想になってしまいます。男と女の二分法を超えていく重要な視点がトランスジェンダーの視点なのです。

トランスジェンダリストは、男、女という性にとらわれない自分らしさを目指しますので、フェミニストからは共感を得ます。その反面、TS、GIDの人たちからは反感を買うことになります。なぜなら、TS、GIDは性別にこだわり、自分の生まれの性別とは異なっ

※性別の自己決定権
性別の自己決定というよりも性別の社会的決定という事実から出発するというのが、私たちの立場です。

た性別を生きようとする人たちであるからです。

ここで大切になってくるのが、セクシュアリティというコンセプトです。しかし残念ながら、トランスジェンダリストの多くは、セクシュアリティの議論を避け、理想論に走りがちな傾向があるようです。トランスジェンダリストの方々は「性別を決めるのは自分自身」と主張してやみませんが、実際のところはどうでしょうか。性別＝ジェンダー・アイデンティティは人と人との関わりのなかからつくられていくものではないでしょうか。そして自分らしさも人と人との関わりにおいてつくられていくものなのです。私たちの議論とは対照的に、トランスジェンダリストの議論は〈今・ここ〉の社会を超越してしまっているといってよいでしょう。

トランスジェンダリストのなかでも、女装トランスジェンダリストにはさまざまな困難が待っています。彼らのほとんどはノンケの趣味女装者だったりします。そういう方々が「私たちは差別されている」と主張しても、耳を傾けようとする一般ヘテロの方々は少ないのです。仮に私（鈴木）がトランスジェンダリストだとカミングアウトし、今の姿のままで、「私は自分を女だと思っているから、女教師として認めて！」と主張しても、世間の人は「？」でしょう。「気持ちはわかるけど……ちょっと」というわけです。その人がどんな生き方をしようと自由なのですが、外見＝社会の目という問題を克服してこその自由なのです。そ の点、女性トランスジェンダリストの男装は最初から自由なのです。ボーイッシュで通るのですから。

蔦森さんの著書、『男でもなく女でもなく』（朝日文庫）のなかで、女装をきわめていくくだりがあります。女装者として社会に出ようとした結果、女装が〈女にしか見えない〉ことが何よりも重要であり、〈男でもなく女でもない女装〉が社会に許容されないことに対して、蔦森さんは、女装を社会に認めてもらうために女になろうとするのです。本のタイトルとは裏腹に、〈男ではなく女〉であろうとしているのです。これは、女であることにとらわれ続けた結果といえるのではないでしょうか。私たちが疑問に思うのは主張の方です。女装を進化させ、そして日常的にも女性として生きているのならば、それでよいのではないか？と思うのです。「私の女装を認めて」と、主張しているわけでありませんが、そう主張しているように思えてなりません。

女装トランスジェンダリストは、性別の自己決定権を主張しています。こうした主張に対して、「女装は主張するものではなく楽しむもの」、「性別は自分が決めるというよりは社会によって決められるもの」というのが私たちの考えです。

第6章 トランスセクシュアル

1. トランスセクシュアルが性別適合手術に至る経緯

この章では、トランスセクシュアルについてお話しします。トランスセクシュアルの定義は性別適合手術（＝sex reassignment surgery 略してＳＲＳ。性転換手術）まで終わらせた状態とします。

少し前までは、性転換手術と言っていましたね。そう、簡単にいえば男性器を女性器に、女性器を男性器にする手術のこと。前章の上半身の手術や下半身の生殖能力をなくす手術とはまた考え方が違う手術。ＴＧからＴＳへの移行とは、ＴＧが性別適合手術を終えてからが〈ＴＳへ移行した〉となるわけですね。

前章では、移行する性別としてなるべく違和感なく社会生活をできるようにするために、外見を補う手術（上半身の手術）と、性ホルモンの分泌を抑え、女性化、男性化の補助的役割をする手術（下半身の生殖能力をなくす手術）について解説しました。本章では、心と体の性別を適合させるための性別適合手術について考えます。当事者からするとＳＲＳには大きく三つのメリットがあります。ひとつ目はパートナーとSEXができるようになる。次に、気にせず温泉に入れる（これって日本では重要でしょう?）。そして、戸籍の性別が変更できるようになるの三つでしょう。

そのなかでも当事者にとって一番大きな理由として挙げられるのは一番目。確かに「自分の身体に男性器（女性器）があることが耐えられないんです！」と言う方もいますが、どちらかというと「自分のためはもちろんだけど、パートナー（恋人）との関係や社会生活をスムーズにするため」という方が私の周りのMtF、FtMには多いんですよね。

そしてパートナーとのSEXの問題は、前章でも言いましたが、特にMtFにおいて深刻。

この違いは大きく、FtMはTGでもパートナー（ヘテロ彼女）ができやすいが、MtFはTGだとパートナー（ヘテロ彼氏）ができづらいんですね、MtFは最初のSEXを成功させる壁が、ぶ厚いの。だからSRSを希望しているMtFは「彼氏ができる前にSRSしなきゃ！」という方が多いですね。そして、なぜか

TGのときに付き合いはじめたパートナーはSRSに賛成しかねる人が多いんですよ。

私は今まで多くのMtF友達、FtM友達とぶっちゃけトークをしてきました。そこでよく言われているのは「彼氏（彼女）と上手くいっているときは手術しにくい」という意見。そうなんです、ヘテロの彼氏&彼女は《今の状態》を好きになって付き合っているので、「性別適合手術まではしなくてもいいじゃん！ 今のままで俺（私）は全然いいよ？」と現状維持を希望されるケースが多数。

これは当事者からするとすごく嬉しい悲鳴なんですよ。「この状態の私でもちゃんと好きでいてくれるなんて幸せ！ このままこの人と永く付き合っていたい。でも、できれば性別適合手術までしたいんだけどな〜。でも今、幸せだし…。よし、今の幸せを維持しよう」と付き合っている間は性別適合手術の希望は封印しておいて、悲しきかな別れてしまったときに「よし！ 次の彼氏（彼女）ができる前に性別適合手術しちゃおう！」という人が多いですね〜（笑）。

パートナーがいる状態では性別適合手術はもちろん、美容整形も賛成されない場合がほとんどです。パートナーさんたちは「今の状態を好きで付き合ったんだし、手術は危険もある、失敗もあるから心配。だから賛成しかねる」という愛情ゆえのストップなんですね。そしてTGの二つの手術（外見を補う上半身の手術と生殖能力をなくす下半身の手術）までしていれば、年齢を重ねていくとあらわれてくる、MtFの元男であるゆえの男性化や、

ＦｔＭの元女であるゆえの女性化はもうありませんので、一段落ついて性別適合手術は焦らず落ち着いて考える方も多いです。

2. 性別適合手術

性別適合手術の種類と説明をしていきます。専門的に細かく身体のどこの部分をどういう風にして……とかは書きません。手術法の細かい作業内容は手術する先生や病院によって違いがありますし。またデリケートなお話でもありますから、（私なりに）オブラートにしっかり包んで書かせていただきますね。

まずはＭｔＦ。男性器から女性器に変える手術です。現在主流なのは反転法です、反転法を行なうための条件が揃わない場合は他の手術方法がありますが、デメリットが多くあまり勧められません。反転法とは、まずペニスとお尻の穴の間を少し切って、膣の深さになるスペースをつくります。そしてペニスを縦に切って海綿体というスポンジ状の部分（これに血が集まり男性器は膨らむわけですね）のほとんどを取り除きます、皮だけ残して尿道も確保。そして神経や性感帯は残したまま先ほどつくった穴に反転させて膣部分をつくります。先端の亀頭部分も小さくして、これも神経や性感帯は残したまま女性の陰核（クリトリス）にします。棒と袋の皮はヒダの部分（陰唇）に使います。これでできあがり。オブラートに包めなかったですね。すいません。皆さんはよく「性転換手術って切って捨てちゃう」と思われがちですが、捨てる部分はほとんどありません。地球に優しい手術です（笑）。だから性感覚も失われないんですよ。

ここで手術は終わりですが、ここからがたいへん。このままだと身体は治癒能力でせっかくつくった穴を塞ごうとしてしまいます。そう、身体からしたら大きな傷ですからね。ピアスもファーストピアスをしばらく入れたままにしないと塞がるでしょ？　そういう感じ。なのでスティックを入れて穴を保持します。性別適合手術で有名なタイではプラスチック製のダイレーターという先端の丸い棒を一日に三回定期的に一時間くらい入れとくの。この作業をダイレーションといいます。

私の場合は日本で手術したのでダイレーションが少し違って、ダイレーターがシリコン製で硬くない、先生の手作り品でした。だから一日三回とかではなく、二四時間ほぼ入れっぱなし、でも硬くないから痛くないの。これはね賛否両論あって「二四時間入れっぱなしなんて嫌。タイみたいに定期的に入れるほうが楽でいい」とも思われがちですが、私はこれで良かったですね。タイの方法だと、人によってはダイレーションがだんだん面倒になり疎かになって、深さが浅くなってしまったという人がとても多いの。ダイレーションは約一年間は必要です。一年後も定期的にダイレーションかSEXをしないと浅くなりやすいんですね。こうしてようやくMtFの性別適合手術が完成というわけ。

続いてＦｔＭ。女性器から男性器に変える手術です。ここからは私のＦｔＭの友人へのインタビューを元に書かせていただきますね。

現在主流なのは三ステップに分けて行なう手術です。別の方法もありますが、主流のこちらだけ紹介しますね。

まず第一ステップは、膣閉鎖尿道形成手術をします。膣を閉じると同時に、尿道を新しくつくり、陰核の付け根まで移動する手術をして、元の尿道口は閉じられることになります。次に第二ステップ、前腕部陰茎尿道形成手術。ペニスになる組織を生成するために、前腕部や臀部などの組織にシリコンチューブを入れて新しい陰茎の尿道になる組織を約半年間かけて生成します。半年後にようやく第三ステップの陰茎形成手術に至ります。トンネル状に形成された前腕部の組織を切り取り、丸めて陰茎の形状にし、陰核の部分に接続するという大掛かりな手術となります。同時に大陰唇の組織の内部にシリコン性の睾丸を挿入し陰嚢の形状に形成することも希望すれば可能です。切り取られた前腕部には回復処置を行ないますが、完全に元の状態には戻らないことが多いため、人によっては皮膚表面がくぼんでしまって、術後に苦労する人もいるそうです。

性別適合手術が終わると、元の性別のシンボルがなくなりますから、もう何も気にせず温泉に入れるし、ＳＥＸもできます。社会生活がとても変わりますね。そして、ここまで終わらせることによって初めて、戸籍を変えるステップへ進めることになります。

しかしみんながみんな、このまますぐに戸籍の性別を変えるというわけではないようです。水商売などでニューハーフやオナベとして働いている方は「ここまでやったから気持ちは落ち着いたし、戸籍を変えるのはまだ先でいいや。べつに今すぐ急いで変えなくちゃいけない状態ではないしな〜。結婚が決まってから変えればいいかな」とTSの状態で生活している方もいっぱいいるんですよ。GIDとTSの違いは戸籍を変えているかどうかだけですからね。

3. 私の場合

ここまで書いてきた各カテゴリをひと通り歩んできた私です。ということで、次の戸籍を変えるGIDの章に入る前に、そんな私自身の〈幼少期からゲイなのかな？と悩み、TV、TG、TSに移行していきGIDとして戸籍を変えるまで〉をざっと振り返ってみたいと思います。前後の章でもちょこちょこ私の話は出てきているので、ひとつの流れにしてみました。

私は幼稚園に入るまで、同じマンションの同じ年の子七人で毎日遊んでいました。偶然にも、近所に同じ年頃の男の子がいなくて私以外は全員女の子!! だから自然と遊びは人形やママゴト。当時は魔法少女アニメが流行っていて、魔法少女ごっこばかりしていました。見た目はショートカットの女の子みたいな髪型で、あまり覚えてないけど、仕草も女の子っぽかったらしいです（笑）。たとえば、幼稚園の遠足先などではお世話になる施設のオジサンにも女の子と間違えられ、幼稚園の先生が「あ、この子はこう見えても、男の子なんです」と説明していました。でもちゃんと第一人称は「私」ではなく「ボク」だったんだけどな～。

ようやく近所に男の子の仲良し友達ができたのは、小学校に入ってからでした。毎朝電話して、待ち合わせをして一緒に学校に通いました。よほど嬉しかったのか、毎日一緒。常に一緒「もしかしたらそれが初恋？」と思われるかもしれませんが、そういうわけではありません。

小学校では、よく女の子と好きな男の子の話をしたりしましたが、だからといって別に自分の性別を意識して生活していなかったように思います。普通に男子トイレ使ってたし。それでも、プールの時間に水着に着替えるときなどは、恥ずかしがらずに裸で着替える男子を見られなくて、絶対に裸を見られないようにゴム入りタオルで隠しながら着替えていました。今振り返ってみると、それは男子を好きだったから、裸を見られたくなかったのかもしれないですね。修学旅行のときは、「風邪っぽい」と嘘をついて一人で職員用の個人風呂に入っていました。

　バレンタインというイベントは好きで、幼稚園の頃から、男女関係なく好きな友達みんなに配っていました。小学校高学年になると、今までもらってくれていた男子が急にもらってくれなくなり、そのときはちょっとショックだったりもしましたね。

　中学に上がると、男女は制服で分けられ、みんな性の知識もついてくるようになります。体育の時間、家庭科、色々な場面で、男子と女子に分けられてしまいます。でも私はいままで通り。いまさら男らしくできるわけでもなく。この頃の男子は自分のことを「ボク」から「俺」に変える子が多かったんだけど、「俺」の男らしい感じに抵抗があって使えなかったんですよ。

　この年代になると、男子は下ネタ、女子は恋愛話が大好物。そんななか、私は男女問わず「ボクは芸能人だと○○（男性俳優）とか超タイプ～。カッコイイよね～♪」とか言ってました。カミングアウトとかでなく、ごく普通に。そうすると中には「お前ホモかよ～」とか言われたりもしたけど、あっけらかんとしすぎていたせいか、いわゆるイジメは特になく。先輩に呼び出されて、「お

前ホモなんだって？ 気持ちワリーんだよ」とかはありましたが、全然動じなかったんですよね（笑）。

なぜかというと、私は中学に上がる前の春休みから新宿二丁目などでゲイの人たちに出会っていたので、彼らの影響もあって、明るくあっけらかんとしていられたの。もちろん、最初は怪訝に思われたりもしたけど、話せばみんなとすぐに仲良くなれましたね。無理して男の子らしく振舞う必要もなく、「受け入れてもらえた」と思うわけでもなく、ただ若さで怖いものなしに生活を楽しんでいたかな。

その頃、私は学校よりも新宿、渋谷、原宿など夜の街が大好きで、毎週土日はクラブに通い、夜のお店に潜り込んで、お洒落をして……。生まれて初めてニューハーフさんに会ったのもこの頃。六本木のプ●シャトーのお姉さんでした。朝になると学校に行って、放課後はそのまま新宿に向かって夜はバイト。そのまま始発で帰宅。睡眠時間は学校の授業中でした。

当時人気があったヴィジュアル系のコスプレをしたり、夜の街で遊ぶときは男の子としてお洒落したり、普通の女の子らしいナチュラルな格好（今でいう男の娘《オトコノコ》）をしたり、クラブに行くときは華やかでゴージャスなドラァグクイーンもやったし、さまざまな装いを楽しんでいました。

当時は「自分は女の子に全然興味ないし、男の人が好きだからゲイなのかな～？ でもニューハーフさんのように綺麗な女性に憧れるし、ドラァグクイーンやコスプレイヤーとしての自分も楽しくて好き」という状態で、ゲイ、トランスベスタイト、ドラァグクイーンをそれぞれ楽しんでいましたね。中学の文化祭でも羽根つけてステージでショーもしたし（笑）。

そもそもそういう環境が楽しくて恋愛にあまり興味がなくて男の人は好きだから、男の人からモテたいけど「彼氏がほしい！」とは思わなかったんだよね。それよりもお店とかで楽しく騒いで、カッコイイ年上のお兄さん（ゲイ）とちょっとイチャイチャしてキスをする。ここまででもう当時中学生の私からしたら、同級生の彼氏との恋愛よりも、大人の恋愛でしたからね（笑）。だから一応学校にもタイプの男子はいましたが、「○○君大好き〜」とフザケて抱きついたり、といった程度で、よくいう中学生時代の〈甘酸っぱい恋愛〉はしませんでした。

学校より、恋愛よりも夜の仕事が楽しくて、大人の人といるのが楽しかった。仕事一途でした。そして中学三年になり、その間色々考えて。進路指導の先生にも、「あたしは将来ニューハーフとして働きたいから、

見た目とかバイトに厳しくない、自由な高校に行く!!」って言ったら、「そうだね、それが貴方には一番いいと思うよ、一筋縄にはいかなくてたいへんだと思うけど、頑張ってね」と先生もそれを勧めてくれました。

当時は「女の子に戻りたい＝ニューハーフになる」という道しかなかったんですよね。そういう時代だったのです。私の夢も「自分のお店がほしい」「夜の世界で華やかに生きていくの！」といった感じで中学校を卒業しました。

そして、そのまま自由な高校に入ると同時に家を出て、東京の友達（新宿二丁目で知り合ったレズビアンの友達二人）と一緒に三人でルームシェアで暮らし始め、お互いに水商売で働きながらの生活。もちろんまだノンオペ（non operation＝手術していない）から男の子の体のまま。

しかしそういう私を気に入って働かせてくれるキャバクラの店長と偶然知り合い、普段はホステスとしての見た目（男の娘《オトコノコ》状態）をして、たまにドラァグクイーンとしても働いていいという、何とも私にとって都合のいい状態で働かせてくれることに。そこで働きな

がらさまざまなノンケ男性のお客様、ノンケのホステス仲間と触れ合い、休みの日は新宿二丁目でゲイやドラァグクイーンと遊び、「あ！　私はゲイの男性が好きなんではなくて、ノンケ男性が好きなんだ！」と気づいたの（笑）。

まぁ今思い返せば、遊んでいたゲイがみんなオネエさんで、オネエ言葉を使わないゲイがいなかったんだよね。だからオネエ言葉を使う人は恋愛視できなかったんですよね。

それに気づいてからは、もう急スピードでニューハーフ街道まっしぐら！　お世話になった店長のキャバクラを辞めて、憧れていたママ（ニューハーフ）の店に行って「お願いします！　ここで働かせてください！」ってお願いしたの。ママはピーターさんのように妖艶な美しさで、歌や踊りがとても上手いし笑いのトークも凄い。そして何よりも真面目な話をしているときのママは憧れを通り越して、生き方すべてを尊敬していました。このママに私の人生観をすべて変えていただき、さまざまなことを教わりました。

それからは先輩ニューハーフに色々教わりながらホルモン治療を始め、下半身の手術の第一段階、去勢手術をして、水商売でお金を貯めて性別適合手術も終わらせました。確かにお金を貯めるにはたいへんだったし、仕事も決して楽ではありませんでした。でも仕事がたいへんなのはどんな仕事も同じだし、私としては手術という大きな目標があったから、同じ状況の仲間と一緒に楽しく頑張ってこれました。だからニューハーフ業界に入ってから性別適合手術までは、ものすごい勢いでしたね。その勢いに拍車をかけたのが**性同一性**※

障害の特例法（二〇〇四年施行）ですね。この驚きと喜びで一気に戸籍変更まで行きました。

もちろんその間には恋愛もしました。女として見られたい、女として扱われたい、ちゃんと女として恋愛したい。そう思った時期もありました。でもその当時は、結婚なんて夢のまた夢。絶対ありえないことで、想像すらしませんでした。だから、結婚とか女としての幸せというより、ニューハーフとして楽しく生きようと心に決めたのでした。

そのように思えるようになったのは、とても綺麗でまったく女性にしか見えないニューハーフのママや先輩の言葉がきっかけでした。


私たちはニューハーフ、結婚できるわけでもないし女になれるわけはないの。だから女よりも女らしく、美しく。女になりたいとかそういう勘違いはしちゃダメ。そういう勘違いするとね、自分が辛くなるだけよ。彼氏が本当の女と浮気しちゃったときとかに、こんなにがんばっても本当の女には負けちゃうんだ、勝てないんだ。なら生きていてもしょうがない。って自殺した子たちもいっぱいいた。

だからね、勘違いだけはしちゃダメ、自分はニューハーフと割り切っていれば、辛いことがあっても乗り越えられる。女には出せない色気、心遣い、気遣いで、男のハートをつかめば、女にはいかなくなるわ。

女と同じ土俵でなく、自分らしさで勝負して、自分らしさで男を射止めるのよ。仕

※性同一性障害の特例法
前に出てきた「特例法」ですね。この法律が出来たおかげで日本でも性別が変更できるようになりました。

事もそう。

ふつうの女や男にはできない、ニューハーフだからこそできる仕事や出会いもいっぱいある。だから自分がこうして生まれてきて、今ここにいることに誇りをもちなさい。見栄や変なブランド物をもつんじゃない。自分の生き方に誇りをもって生きていれば、きっと楽しい人生を送れるわ。

だって、生まれ変わることはできないのよ？　だったら楽しまなきゃね。


この言葉は、戸籍が女になった今でも、心に残っています。「自分はもう女」「もうニューハーフじゃない」「元男扱いされたくない」なんて思わないようにしています。というのは、自分が疲れたくないからなのです。生まれつきの女性と同じ土俵に立つのはとてもたいへんです。戸籍が変わったときは本当にうれしかったし、これからは人生バラ色と思ったけれど、ニューハーフとして生きていた頃よりもずっとたいへんだと思います。

ニューハーフの頃は、ニューハーフであるということが自分の逃

げ場になっていたりもしました。恋愛が上手くいかないとき、「あ～またダメだった。でもしょうがないのかな～。奈々、元オトコっていう現実は変わらないし。確かにわざわざニューハーフと付き合わなくても女の子は世の中にいっぱいいるもんね。ちょっと興味本位で近づいてはくるけど、本気で愛してくれる人っていないのかな～」とよく泣いてしまいました。でも「ニューハーフだからしょうがないか」で自分自身を納得させていたのです。

しかし、戸籍が女になってからは、「もう戸籍も女なのに、それでもダメなんだ。こんなに頑張ったのに、ようやくここまで来たのに」といった具合で、追い討ちされたような感じになり、よりいっそう精神的なダメージが大きくなってしまいました。それで、気持ちを切り替えるようにし、「特例法ができて女になれました。けれど、まだまだ世間は変わらないから、『もう女です！』と思わないで、〈結婚できるようになった元ニューハーフ〉くらいに思っていたほうが気が楽」。こういうふうに考えて生きていこうと決めました。それくらいに思っていなければ、社会ではやっていけませんもの。

「もう完全な女になったんだからもっと女らしくしなくちゃ、女として生きていかなくちゃ」ではなく、「今までの奈々らしく、いればいい」と今では思えるようになりました。

私の場合、偶然の再会から恋愛に至り、結婚もできました。でもそれは奇跡的なこと。ふつうの女性でさえ理想の結婚相手に出会えるのはそう簡単なことではありません。私を理解し、愛してもらい、結婚相手だけでなく、その家族、親戚、近所の方々、主人の仕事場の人たち、仕事の取引先の方々、みんなに認めてもらって結婚式にも来てもらい、結婚できたなんていうのは私としては、年末ジャンボ宝くじで三億円当たったくらいの奇跡。本当にそう思います。この縁はずっと大切にします。今までにないくらい本気で恋愛して、本気で相手と向き合い、我を通しすぎず、相手のことを考えて、喧嘩しても理解し、愛、信頼、尊敬を忘れないようにしています。

また、元ニューハーフだったから今この幸せがあるのだとも思えるようになりました。ニューハーフでなかったら、これほどまで自分を見つめることもなく、自分の性や恋愛についても深く考えることもなく、パートナーの大切さ、周りの人たちの温かさ、人と人とのつながりの大切さに気づかないでいたことでしょう。

Column 2
奈々の部屋

美容整形と「0円ニューハーフ」

「人は見た目じゃない」と言う人がいます。でも私はある部分において「人は見た目」だと思います。出会いは、いつあるかわからない。だからこそ、初めて会った時の印象はとても大切なのです。第一印象が良ければ、『この人のことをもっといろいろ知りたいな』とか『話してみたいな』とか思うでしょう。外見の自分みがきを怠ってはならないと思います。

ニューハーフの場合はどうでしょう。もとは男性として生まれてきたのですから、いくら女顔で華奢でも限界があります。まだ一〇代や二〇代のうちは、体毛も薄くて、筋肉も未発達で、声も高かったりします。でもそれは若い時だけ。それに甘えてはいられません。「中性的〜♪可愛い〜♪」なんて無責任な褒め言葉に酔っていると、三五歳を超えたあたりで世間の目は「中性的っていうか……ちょっと気持ち悪い」に変わってきちゃったりします。それから焦ってもなかなか難しい。だから早めのパブロ……いや、美容整形やホルモン治療が必要になってくるんです。

ニューハーフ&性同一性障害者にとって、自分みがきは死ぬまで続く作業でもあります。しかもそれは、女性とはまた違う視点でなくてはなりません。〈美人になるための自分みがき〉ではなくて〈女性であり続けるための自分みがき〉ね。

丸くてハリのあるおでこ
二重でパッチリした目
あごはちょっと前に出して
横顔を色っぽく
鼻筋はすっと通して
小鼻は小さく
美しいバスト
ぽてっと潤った唇
綺麗にくびれた
ウエストライン
丸く豊満なヒップ

ニューハーフやＧＩＤは〈ニューハーフやＧＩＤとしてのお手入れ〉をしないでいると、〈元男〉なんですから、だんだん化粧やファッションでは隠しきれない男の特徴があらわれてきます。筋肉は男らしく筋が出て、腕や足に血管が太く浮き出たり、おでこの眉骨が出っ張ったりするのも男の特徴です。ただ筋肉を落として、軽く脂肪をつけても、脱いだら「男」がでてきます。顕著にあらわれるのはおしり。丸く豊満なヒップは、何も手を入れずに手に入るべくもありません。そして、忘れてならないのがムダ毛。全身永久脱毛は必須です。

最近は、「０円ニューハーフ」という美容整形していないニューハーフがメディアでモテはやされています。美容整形にお金をかけていません、という意味で「０円」。「美容整形はしていません、そして今までも女性として働いていましたが、バレたことはありません」ということを押し出したニューハーフタレントも何人か出てきました。これによって一般のヘテロさんたちからすると「何百万円もかけて女になるよりも、お金をかけないで何もしないで女に見える方がスゴイ」という「０円ニューハーフ称賛」の風潮がみられるようにもなりました。つまり今までの、〈汗と努力と美容整形で磨いた賜物《たまもの》〉というニューハーフの美貌に関する価値観が大きく

整形ゴンゴンの
完璧な美を
追求よ！
ノン整形が美学っ！
VS

変化してきちゃってきているわけですよ。メディアの影響力は大きくて、それに憧れるもっと若いニューハーフが出てくるわけで、まあたいへん。

美容整形は日本ではまだまだイメージが悪いですが、自分のコンプレックスに悩み続けて暗い顔しているよりも、自分自身をしっかり見つめて、きれいになっていくことは、人間としても大きな成長だと思うのです。私は小さい頃からこういう美容には興味があって、高校1年生の時に初めて美容整形外科に足を踏み入れました。ニューハーフの店で働き始めて、この道で生きていくのならば、一線で輝きたいと思いました。そのためにはきれいであることが最低条件だと思い、美容整形を決断しました。

でも、ただ「整形すれば、人生すべてがうまくいく」ということはないと思います。他力本願で安易な考えで整形しても、周りの環境（＝社会）は変わらないでしょうし、いくら外見を取り繕っても、その人の本質は表ににじみ出てくるものだからです。何事もバランスが大事。うまくバランスをとりながら、自分をみがきましょう。みがいたらみがいただけ、素敵な宝石になれるはずです。

外見の自分みがきのために、性別を問わず、私がお薦めしたい方法があります。それは「自分を知る」ということ。そのために、「自分の悪いところ」、「似

写メだと私達
モデル級の
美少女よね♥
これが真実の姿よね♥
やだ〜っ♡
アタシ
カワイイわ♡

合う・似合わない」「センスが悪いところ」「男に見えるところ」をズバっと言ってくれる友人を得ることがまず重要。そして、そういう友人に、デジカメで普段の自分を一〇〇〜五〇〇枚くらい撮ってもらうとよいと思います。会話しているところ、食事をしているところ、ゴロゴロしているところなど、飾らない「素の自分」を改めて客観的に見て、知らされることがとても大切なのです。写りの良い、キメ顔の、好きなアングルの写真なんてほんとうの自分ではありません。素の自分の表情を知り、「私はこんな顔して笑うんだ」とか、「後ろから見ると男だな〜」とか、普段見ることができない部分を知ったうえで自分をみがいていく。そうしないと、「自己満足美人」で終わってしまいます。しっかり自分を知ったうえでのメンテナンスが大事。「ヒアルロン酸注射」や「シワ取り、シミ取りのレーザープチ整形」までいかなくても、美容院での「髪質改善」など、自分にできる、自分に似合う美しさ、可愛らしさをみがいていきましょう。

元ニューハーフとして、「老婆心」から少々厳しいことも書きましたが、GIDやニューハーフちゃんたちには素敵な笑顔でいて欲しい。もちろんふつうの女の子たちにも、「魅力」をどんどんみがき続けていってほしいと思います。

第7章
GIDと現実社会

1. 性同一性障害と特例法

GIDとはGender（性）Identity（同一性）Disorder（障害）の略で、「性同一性障害」と訳されます。Identityは「同一性」の他に、「〜らしさ」や「自己確認」等とも訳されます。「自分の心で認識している性が自分の身体的な性別と合っていないから、〈心〉を治すのではなく〈身体の性別〉を心に合わせていきましょう。だから性別適合手術（かつての性転換手術のことね）をして、心と体の性別を一緒にしましょう」という見解。医学的には「障害」と名が付くだけあって病気扱い。まぁ……手術や医学的な治療を施したら治る（性別を戻す）から病気でしょ、というわけですね。

つい十年ほど前までは、こういう方々は世間では**ニューハーフ**（＝**トランスセクシュアル**）としてひとくくりにされていました。でも一九九七年に日本精神神経学会、性同一性障害に関する特別委員会が「性同一性障害に関する答申と提言」を発表。一九九八年には埼玉医科大学で性別適合手術が国内で初めて公式に行なわれます。すると二〇〇〇年から国会議員が性同一性障害に関する勉強会を発足させて、性同一性障害の法律的扱いについて考え始めてくれたんです。このあたりから一気に変わってきました。

そして二〇〇四年七月一六日にようやく「性同一性障害に関する特例法」（以下、特例法と略します）が施行されて、条件を満たす人は**家庭裁判所**で審判してもらって、戸籍を変更することができるようになったの。それまでは自分の名前を改名までしかできなかったからね。

GIDの方々には、男性らしい名前や女らしい名前が悩みの種という方は多いんです。改名は家庭裁判所に申し立てて、正当な事情を認めてもらえれば可能です。その正当な事情っていうのは「名の変更をしないとその人の社会生活において支障を来す場合」で、単なる個人的趣味、感情、信仰上の希望等のみではもちろんできません。私の場合、改名は意外とすんなりできました。

とはいえ、名前だけ変えても性別が変わっていないと、入院するときや海外旅行の入国手続などで、いろいろなトラブルが予想されますので、当時改名していた方々は、中性的な名前にしてい

ましたね。受け取り方次第で男としても女としても通る名前、たとえば、カオル、シノブ、ヒロミ、マサミ、ユウキ、ヒカル、ジュンとかね。

GID人口は、現段階ではMtFの方がFtMよりも多いです。それは精神的GIDの数ではなくて、戸籍まで変えたGIDの数。詳しくは第6章を参照していただくことにして、ここでは要点だけ述べることにします。

FtMの方は自分の意志とタイミングで性別適合手術をする方が多いのですが、MtFの方はFtMの方よりもさまざまな場面で「性別適合手術しなきゃダメじゃん」と痛感させられる差し迫った場面に出くわすことが多いんですね。なので、現段階では戸籍まで変えているGIDはMtFの方が多い、ということのようです。

そして、戸籍まではまだ変えていないGIDや性別適合手術をまだ受けていないけど将来は手術して戸籍も変えたいGIDも、もちろんいます。戸籍を変えるのがGIDの終着点。戸籍を変えてはじめて、社会一般でGIDと認知されるわけですからね。「戸籍までは変えなくていいや〜。体だけ変えて生活できてれば」はトランスセクシュアル。ここが大きな違いですね。

2. 特例法に対する反対意見

そしてこの特例法。さきほどサラッと〈条件を満たす人〉は変更できると書きましたが、どういう人が性同一性障害として認められて、戸籍を変更できるのかその条件を説明していきましょう。

その条件とは、特例法の第三条に、こう書かれています。

家庭裁判所は、性同一性障害者であって次の各号のいずれにも該当するものについて、その者の請求により、性別の取り扱いの変更の審判をすることができる。

一、二〇歳以上であること。

二、現に婚姻をしていないこと。

三、現に未成年の子がいないこと。

四、生殖腺がないことまたは生殖腺の機能を永続的に欠く状態にあること。

五、その身体について他の性別に関わる身体の性器に関わる部分に近似する外観をそなえていること。

要は大きく分けて三つ。「二〇歳以上」、「今結婚してない、未成年の子どもなし」、「性別適合手術済み」ね。これが裁判所で問われる書類上必要な項目。これに専門的な知識を有する医師二名以上によって「性同一性障害」の診断を受けて、ようやく裁判ができるというわけ。ではなんでこの三つの条件が必要なのか？と最近はさまざまな反対の意見も上がっています。それに対する私の意見を述べます。

まずは「なんで二〇歳以上でないとダメなの？」という「一」に当たるところから。

「二〇歳まで待たなくても、もっと若いうちに性別を変えられたほうが学生時代に悩まなくていいのでは？」という意見があります。でも、性別を戸籍から変えるっていうことは社会的にすごく重要なことで、「やっぱり元の性別に戻したい」と思っても一度変えた戸籍は戻せません。そんな簡単なことじゃないの。

そしてこの本でも何度も強調していますが、自分の性別やセクシュアリティ、ジェンダー、恋愛対象の性別というのは何歳になってもあいまいなもの。まして自己判断能力の未熟な一〇代では決めかねる難題です。いまは「私はGIDなんだ！」と強く思っていても、数年後には変わる可能性も無きにしもあらずなんですね。「女として生まれたけど、女性の方が好き、つまりGIDなんだ！　レズビアンとは違うんだ！」と思ってしまうケースもこの年代では多々あります。また最近の若者では「同性愛者よりもGIDの方が気持ち悪く思われなくて良い」という思いから、GIDだと自分から言う場合もあるのが現状です。しかし、一〇代の頃はGIDだと自分では思っていた方が、恋愛経験を経て、ホモセクシュアルに収まるという例も多くあります。

だから私は学生時代、一〇代の悩む時期は必要だと思っています。そういう経験も踏まえて、自分で決めたことを自分で責任を負う「二〇歳以上」、となるわけですね。

では次の「今結婚していない、未成年の子どもなし」。「二」と「三」に当たるところの批判意見。これを説明する前にひとつ補足。三の「現に未成年の子がいないこと」という条文は、二〇〇八年に改正されています。元は「現に子がいないこと」だったんです。改正前の状態だと、離婚して親権をなくしたりしても、その子が生きているかぎりダメだったんですね。つまり、親より子どもの方が長生きすると考えると、事実上、子持ちの当事者の戸籍変更はほぼ永久に不可能というわけですね。

ではなぜ「未成年の子どもがいる状態」では性別を変えてはいけないのか。それにはこんな批判意見もあります。「戸籍の性別変更が可能なレベルまで治療が進んだ当事者の子は、親を〈変更された現在の性別〉で認識している場合がほとんどなので、子どもの混乱はありえないと思う」という意見。確かに子どもからすれば親は親、たとえどんな姿になっても理解してくれるかもしれません。

しかし、その子どもは周りから好奇の目で見られます。「〇〇くんのお父さん、去年まではスーツ着て父親参観に来てたのに、今年は母親参観に女の格好して来てるけど……。どうなっちゃったの?」。友達にこんな質問をされたら、子どもは困るでしょう。もしかしたらイジメの対象にもなるかもしれません。

いくら家庭という範囲内では家族全員一致の考え方をもっていても、それを社会や学校等に受け入れさせることは容易ではありませんよね。未だ自我の確立していない未成年者の健全な発育にどのような影響を与えるかわかならいからという御意見もあるようですし。だから未成年の子がいる状態ではダメ、ということになりますし、それと同じ理由で「現に婚姻していないこと」ということになります。だから未成年の子が成人していて、当事者は離婚して親権もない状態であればこの問題はクリアできます。

では「子どもをまだ生んでいない状態の婚姻の場合は、子どもに影響がないから性別を変えてもいいじゃない?」と思うかもしれませんが、これもダメ。日本では同性同士の婚姻は認められていませんね。だから婚姻状態で妻が戸籍を変えて男性になると、男性同士での婚姻となってしまうのでダメなんですね。「じゃあ、この機会に日本も同性婚できるようにすればいいのに」と思われるかもしれませんが、それはまだまだ先になるでしょう。

ちなみに同性婚が認められている国はありますよ。オランダ、

ベルギーとか、アメリカでも州によって（マサチューセッツ州とか）は同性婚が認められています。

　では次に「性別適合手術済み」という「四」と「五」に当たるところ。これにももちろん批判の意見はあります。「健康上・経済的理由で手術不可能である当事者の道はどうなるの?」。

　確かに、現段階での性別適合手術は決して安い金額ではないでしょう。安いと言われる海外で手術しても、手術費だけで七〇～百万円。旅費、滞在費、介護費を合わせると軽く百万円は超えますね。日本国内での性別適合手術もありますが、現段階では保険適用外。「そんな金額すぐにつくれないよ!」という声もあるでしょう。

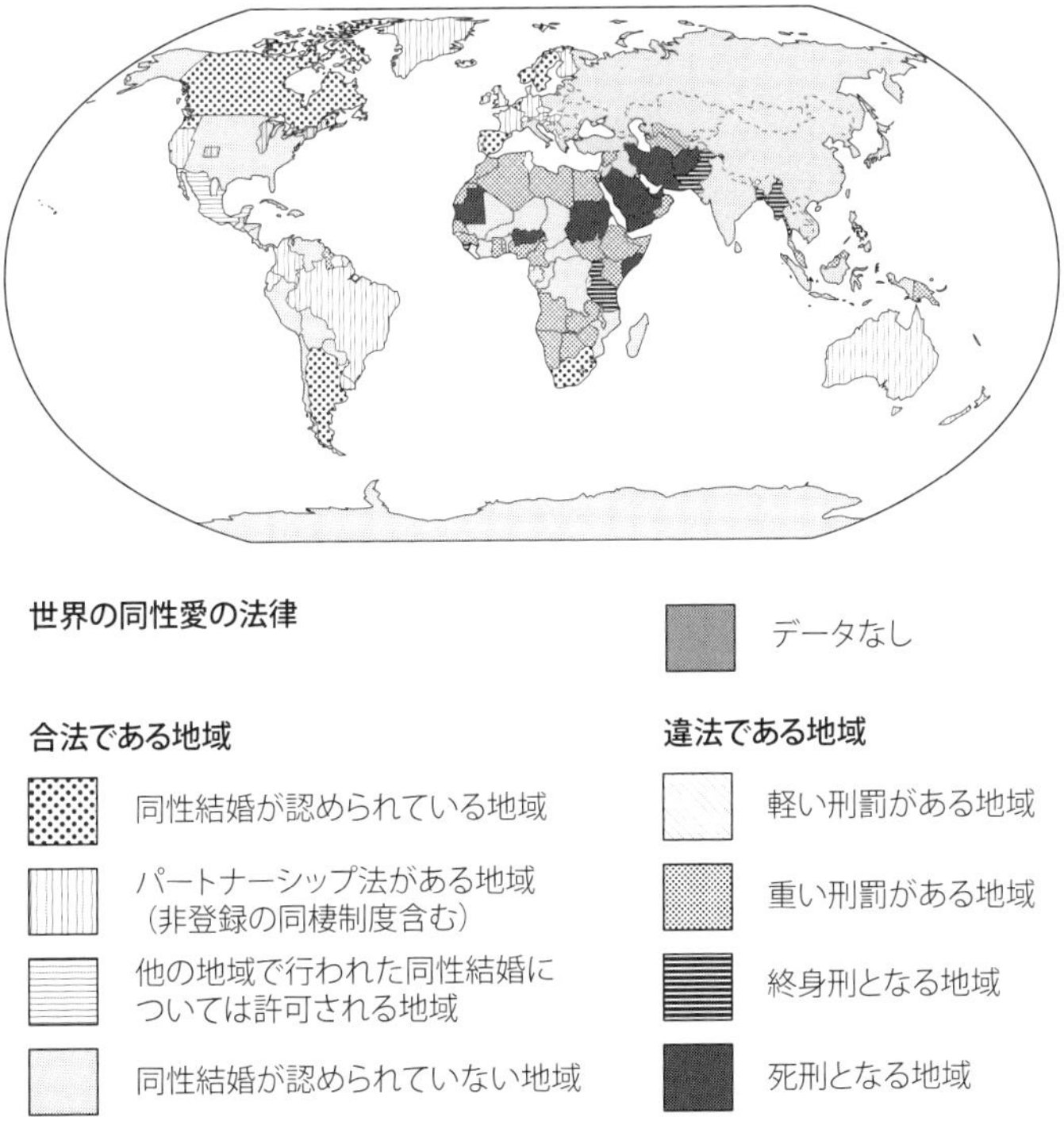
世界の同性愛の法律
データなし
合法である地域
同性結婚が認められている地域
パートナーシップ法がある地域
（非登録の同棲制度含む）
他の地域で行われた同性結婚については許可される地域
同性結婚が認められていない地域
違法である地域
軽い刑罰がある地域
重い刑罰がある地域
終身刑となる地域
死刑となる地域

出典：Wikipedia

しかし私個人の意見としては、これくらいの金額は最小限必要と考えています。それは、「そのくらいの金額ならやろうかな?」と安易に手を出してほしくない手術だからです。これは後戻りできない手術です。だからしっかりと考えて、自分でお金を貯めてやって欲しいのです。最近は親のお金でやる方もいますが、それだと〈GIDとして生きていく〉決意が固まらないうちでも手術に手が届いてしまう。それは良いこととは思えません。

GIDとして生きていくのは簡単ではありません。私の場合、手術をしても、世の中の見方はいまでも「手術をしたニューハーフ」「女に戸籍を変えたらしいけど元は男」と、どこかで思われています。それは仕方がないこと。理解者は増えてはきているけど、あくまでもそれは他人事だから。家族、恋人、結婚となると本当に世間の風当たりは厳しいです。それに正面から向き合っていく覚悟が必要。その覚悟がないまま手術して、理想の未来ではない現実にぶち当たり、自殺をするGIDもいます。鬱《うつ》になり、精神的に追い詰められたGIDをいっぱい見てきました。だからこそ、手術は自分の力で汗水流して貯めたお金でやっていただきたい。

自分で仕事して、汗水流して貯めたお金で、
手術やホルモン治療をやろうね！

悩んで悩んで、『それでも手術したい』という気持ちを確かめるために働いてほしい。そのためにはこれくらいの金額は妥当だと思います。

他にも「性別適合手術は危険で怖いので、ウチの子には手術させたくありません、でも戸籍は変えてあげたい」というGIDのご両親からの批判意見もあります。

確かに危険ですが手術は必要でしょう。それは、男性としての生殖能力をもっている人を戸籍上女性とは認められないからです。これを認めてしまうと大きな問題が出てきますよね。たとえば、戸籍上は女性のMtFさんが女性とSEXをして妊娠させてしまうと、女性と女性の間にできた子どもになり、問題ですね。また、睾丸だけ摘出して生殖能力はなくしても、更衣室や温泉など、女性が裸になる場所にペニスが付いている人が裸でいたら、これも問題ですよね。

特例法は〈完全な〉移行する性別の性器は求めていません。〈近似する外観〉とされています。これは、現医療では、移行する性別の性器を完全にはつくれないからです。つまり、子宮はつくれないからMtFは妊娠はできませんし、FtMも射精はできないですからね。そして〈近似する外観〉は一昔前に性別適合手術した方にもちゃんと配慮されています。一昔前には、MtFの性別適合手術は穴に深さがない〈切り株状態〉や、FtMの性別適合手術は卵巣だけ取り、子宮は使えなくして穴を閉じるまでの手術、つまり性交渉はできないけれど生殖能力はなくなる状態で〈近似する外観〉になる手術が主だった時代もあります。

たまにですが「MtF性同一性障害者ですが、パートナーは女性です（女性が好き）。私はMtFレズビアンだと思っています。二人の間に子どもが欲しいし性別適合手術はしたくありません、でも戸籍は変えたい」という方が（逆パターンも）いらっしゃいます。

これについては色々論じられていますが、個人的意見としては、戸籍は変えないで改名だけならできますし、そのままならパートナーと結婚できるんですし（日本では同性婚は認められていないので）、家庭という社会のなかで女性でいればいいと思います。性別適合手術はしたくない、でも男性のままの戸籍は辛い、女性とSEXしたいけど女性として社会に出たい。これらの願望がすべて叶えられて、世間にも理解されるのは日本では今後もなかなか難しいでしょう。となると、それが比較的許容されている外国に行くのが得策でしょう。私の知り合いでそういう方がいらっしゃいます。外国に行ってもすべては解決されていないようですが、幸せだそうです。

ここまでが、書類上必要な項目で、最後にその書類を提出する家庭裁判所で面接があります。そのときに必要なのは、なぜ戸籍を移行しなくてはいけないか、生活にどう支障があるのか、社会的には移行する性として現段階でどの程度生活できているのかを作文と面談で問われます、これが一番大切。なぜかというと書類だけならパッと見の外見や、話し方、仕草等は見えませんからね。

「見た目なんて関係ない、私はそういうのに縛られたくない」という方もいるかもしれませんが、たとえば、角刈りのどこから見ても男という人を、そのまま社会に女として送り出したら混乱の元ですよね。だから面接が必要（裁判官だけでなく医師の面接と書類も同じく重要）。

このGIDと申し立てている人を、移行したい性に変えて社会に出して世の中に混乱を招かないか、ちゃんと違和感なく通用するかをシビアに見きわめてから、ようやく戸籍の性別が変わります。もちろんこれは美人、おブス関係なく女で社会的に通用するか、イケメン、ブサイク関係なく男で社会的に通用するかですよ。なので面接は重要な必要項目なんですね。

こうして批判の意見に対して私なりにお答えさせていただきましたが、私を保守的だと思う方もいるでしょう。しかし今の日本、今後の日本でもなかなかすべての人が満足する法律は成立しないものです。これは特例法に限らず、色々な法律がそうでしょう。でも一定の線引きをして社会の秩序を守らなくてはいけないのが法律。これだけ性同一性障害のことを考えてくれた特例法なのですから、私はこれでいいと思います。少しは緩和される部分が今後も出てくるかもしれませんけれど。

3．特例法でGIDは救われたのか？

では、特例法でGIDは報われたのか？ MtFの場合を例に考えていきましょう。

私は、自分の経験から、GIDは完全な女にはなれないと考えています。若いうちは「そういう生き方もありだよね、個性だよ、素敵！」ともてはやされることもあるでしょう。しかし、子どもも産めないし、母親にもなれません（もちろん養子を迎えれば、母親にはなれますが）。戸籍の性別が女になっても、昔男だった事実は消せないのです。就職や恋愛、結婚において、自分と同じような条件のヘテロ女性と比べられると、どうしてもヘテロの方が受け入れられるでしょう。キツイ言い方になりますが、わざわざ今まで接したことすらない人種よりも、親しみのある方を選びがちなのが、世間であり現実です。その壁にぶち当たって「ここまでお金も努力も惜しまず頑張ってやってきたのに、戸籍まで変えたのに」と悩み、苦しみ、悪い方に考える人がGIDには多いように思います。

私自身も戸籍が女になってしばらくの間は、「元男、そんなのは嫌」、「過去は消して今を生きる！」、「女として生きるのよ！」と考えたときもありました。でも現実は甘くないのです。逆に、元男だったことを隠して、女として知り合った友達やパートナーとはうまく付き合えないところがありました。一枚厚い壁を自分で作っている気がしたのです。たとえば、ありもしない生理の日をつくって生理用品を用意したり、「そろそろ生理っぽいんだよね」と彼氏や職場の友達に言ってみたり。無理をしていました。「やっぱり素のままの自分でいたい。奈々は奈々。一人の人間として関係を作っていきたい！」。そう思えるようになってからは、女であることにこだわらなくなりましたし、「オカマ」と言われても、「ニューハーフ」と自ら名乗ったとしても、気にならなくなりました。

パートナーやその親、友達にもすべてを話しました。それでも私を受け入れてくれる関係、それはとてもすばらしいと実感しました。「女でいよう。元男と言われたくない」。そう思っていた頃は、「もうオカマって呼ばないでください！」とか言っていましたが、そういう呼び方に嫌悪感を抱くのは自分のエゴだと思えるようになりました。

考えてみれば、ヘテロセクシュアルの方が普通に生活していたら、GIDとはそうそう出くわすハズはありません。そういう人たちからすれば、美川憲一さん、IKKOさん、はるな愛さん、美輪明宏さん、椿姫彩菜ちゃん、佐藤かよちゃんは一括りにオカマなんですよ。だから、何の悪気もなく、「オカマ」と言っているのです。それに対して逐一、説明しようとしたり、反発したり、嫌な態度を見せたり、へこんだりするのはエネルギーの無駄。

MtFやFtMは、物珍しさやインパクトだけで、人を引き寄せることはできますが、その縁を愛情や人とのつながりへと育てていくには、セクシュアルマイノリティとしての経験から培ってきた心の優しさや強さ、人間的な魅力がなければと思います。

4．カミングインするＧＩＤ

少しだけ私、鈴木にコメントさせてください。

いつの時代にも、どんな社会にも、男と女しかいません。そして男は男らしくあること（男として男の役割を果たすこと）、女は女らしくあること（女として女の役割を果たすこと）を期待されており、私たちはその期待にこたえるべく、日々生活しています。もちろん、**性役割**※は固定的・絶対的なものではなく、流動的・相対的なものです。しかし、今・ここの性役割は「男は○○、女は○○」としてあらかじめ決定されている。でなければ、男である、女であることの根拠はなくなり、男であること、女であることが困難になる、という保守的な主張も一概に否定できません。

そして、ＭｔＦは、男として生まれたが、女としての自覚をもち、女としての役割を**カミングイン**※して果たそうとします。ＦｔＭの場合はこれの逆になりますね。はたから見れば、異常に思え、病気ということにもなるのでしょう。

しかし当事者にしてみれば、男の体に生まれたけれども、女としての自覚があるかぎり、女として生きたい。そして女として愛し愛されたい（これまたＦｔＭの場合は逆）思うのは自然なことなのです。ここに至って初めて、性別適合手術、いわゆる性転換手術が行なわれます。それは人為的な行為ではありますが、ＧＩＤ当事者してみれば、本来の性に戻り、

※性役割
ジェンダーロールのこと。男性としての社会的役割、女性としての社会的役割。性別役割とも言います。

※カミングイン
カミングアウトの反対。社会の中に自然に溶け込むこと。

社会に溶け込む、すなわちカミングインするために不可欠な作業なのです。

　しかしカミングインは、FtMよりもMtFの場合にその困難が大きくなります。というのも、MtFの場合、奈々さんも指摘するとおり、外見の問題が避けて通れないからです。性別移行中のFtMは、ボーイッシュで通りますが、性別移行中のMtFはすべてオカマです。MtFはふつうに女性として通ること、パスすることが要求されてきます。MtFにとって、この外見の問題はハードルが高いのです。

　ここで、ニューハーフの方々には失礼を承知で、社会学的に見て非常に興味深い点を指摘しておきたいと思います。ニューハーフの方々は、完璧な女装で、ふつうの女性以上の美しさ、可愛らしさを目指し、

女性以上に女性らしい立ち居振舞いをなさいます。まさしく超越的=トランスな存在なのです

こうして彼女たちは、ニューハーフであることをカミングアウトし、時にメディアに登場することになります。

しかし、ニューハーフとして働き、身体を改造したら、あとは一般の女性として、生活したいと考えているニューハーフの方々は少なくないのではないでしょうか？　この疑問に答えてくれたのが、奈々さんでした。奈々さんは、かつてニューハーフとして働き、身体を改造し女性になりました。その性の移行中に、例の特例法が施行されました。彼女は身体的にも法的にも女になりました。

彼女のブログには、「目標は奈々であること」と書かれていました。彼女は、ニューハーフであることを、いわば手段として、本来の性に戻るということを目的として、それを達成したのでした。彼女は「女になりたいのではない。本来の性に戻る」とも言います。そして、今、彼女は本来の性に戻り、身体的にも精神的にも法的にも社会的にも女になりました。しかしカミングインして生活している彼女はこうも言います。「ニューハーフであることは忘れない」とも。

Column 3
奈久の部屋

性別は誰が決めるのか

特例法のおかげで、自分で性別を変更できるようになりましたが、性同一性障害に対する世間の理解は依然として、「オカマでしょ?」です。こういう観念を変えていくのって、かなりの年月が必要だと思います。

大学の授業で学生さんからよく「セクシュアルマイノリティの人たちがすべてを隠さないで生きられる社会にしたいですよね」って言われるのですが、私はこう答えています。「社会に変わってほしいと望みすぎると疲れちゃうでしょ。社会なんて百年変わらないわよ。だから私はいま与えられている社会でいかに楽しく生きていくかを考えてるよ」と。

時代が変わっても「ホモフォビア」(同性愛嫌悪)の人たちがいなくなることはないでしょうし、差別や偏見の根絶は、悲しいけれど難しいと思うのです。

ここで、MtFの性同一性障害者の戸籍性別変更問題を考えてみましょう。

「もう女性戸籍もとりました。だから女です。女として扱ってください」。こう主張して、無理やり女性の中に入ろうとするはいかがなものかと私は思うのです。性別(男であるか、女であるか)は社会によって決まるものでもあるからです。

仕事で一人前になり、女性よりも女性らしくあることで、自然に周りから「生まれは男だ

奈々さんは、今後、社会をどう変えていきたいですか？
セクシュアルマイノリティの人たちが自分を隠さないで生きられる社会にしたいですよね？
別に。
社会は変わらないわよ。今の社会を楽しむの。
カシャ
カシャ
TV
ニコニコTV

けど、心や見た目は女性」と認められ、女性として扱われるようになり、社会に溶け込んでいく。社会に認められてこその自分らしさ、社会に認められてこその性別だと私は思います。生まれてきたときの体の性別（セックス）と心の性別（ジェンダー）が違うとしても、自分自身の「見た目」や「振る舞い」や「生き方」によって社会から認めてもらうようにするため、できるかぎりの努力が必要だと思うのです。

　その結果として、美人やおブスは関係なく、「ぱっと見が女に見える、女にしか見えない、世間から見て（社会に）溶け込んでいる」ことが必要。女に見えるように頑張っても、「女装」になってしまったら、それは「歩くカミングアウト」でしかありません。二四時間、三六五日、生まれた性と異なる性で生きていくのがGID。だから、第三者の目がとても大切なのです。

　「性別って自分で決めてもいいじゃないか！」という主張もあるようですが、それは特定のコミュニティの中だけでしか通用しないと私は考えます。たとえば、鈴木先生がご自宅や教室で「私は女！」といって、「?」の女装をしたとしても、誰に迷惑をかけるわけでもありませんし、趣味のレベルや表現の自由ということで許されるとは思います。

でも、社会に出たら、社会があっての自分です。いくら「私、女に見えるでしょ！女性社員として雇ってください！」と企業の面接に行っても、会社側（社会）が「いや～アナタ女に見えないですよ。女性社員として雇えません」と言われたらオシマイです（まあそんなにはっきりと言う面接官はいないでしょうが）

もちろん、溶け込むのではなく、振り向きたくなるような絶世の美女を目指すというのも「あり」ですが、ニューハーフが究極の美を目指して努力しすぎると、なぜか、〈ガンガン美容整形〉に走りやすい。ゴージャスすぎる顔立ちになってしまい、かえって社会から浮いてしまうんですね（汗）。

仲の良いGID（MtF）に、美人とは言えない素朴な顔立ちの子がいます。あだ名が〈死神〉。前歯の神経が死んでいる某女芸人に似ていて、美容整形や豊胸もしていません。ホルモン胸（豊胸手術をせず、女性ホルモン注射のみ）＋性転換手術済。彼女は、戸籍の性別も女性になり、某市役所で女性として働いています。誰にもGIDだと気づかれていません。

本人曰く「アタシ、華がないから水商売も向かないし、悩んだこともあっ

私を、女性・社員として
雇ってください
それよりもヒゲの永久脱毛してきなさいな

たけど、だからこそ目立たないし、今こうして公務員として働けてるし、今彼氏もできて幸せだよ〜」。彼女は彼氏にだけ「元男だった」とカミングアウトしています。

逆に六本木とか大都会のニューハーフクラブで働いていたニューハーフさんが戸籍を女性に変えて昼間働く場合は、デザイン事務所系やアパレル系、メイクアップ系など、華やかな職業に就く方が多いようです。彼女らの場合、自分がGIDであることを隠さず、オープンにしている場合が少なくないようです。GIDも十人十色それぞれ個性があるのです。私の場合、ニューハーフとしてカミングアウトして働いてきました。職場で嫌なことを聞かれることもありましたが、右から左へと受け流してましたよ。

私が出逢ったセクシュアルマイノリティの方々のなかでも、素敵だなと感じさせる方は、自分自身に自信をもっています。自分のことをよく見て、自分の特色を生かし、自分の魅力を引き出しています。ヘテロセクシュアルの方がたも一般社会も、そういった方は、受け入れてくれます。

ただし、すべての人に認められようなんて無理な話です。半分くらいの人が自分を受け入れてくれれば御の字でしょう。ヘテロセクシュアル

アタシも女として認めなさいよ！
そりゃ無理だわ
鏡を見てから出直しなさい
キラ
キラ
キラ

にもいろいろな生き方があって、彼らがすべての人に受け入れられることなんてありえないでしょう。だからこそ、自分を受け入れてくれる人を大切にして、まだ受け入れてくれていない人たちにも、無理やりにではなく自然に、少しでも多くの人に受け入れてもらえるようにゆっくりでよいから、自分をみがくこと。これが大切だと思うのです。

第8章 男の娘、腐女子

1．男の娘

最近の新しい言葉で男の娘《オトコノコ》というジャンルが出てきました。この男の娘たちには「セクシュアルマイノリティのジャンルにとらわれたくない」という主張がありますので、今まで紹介してきたカテゴリとは別の特別枠として紹介します。

お化粧が好きで、女の子の可愛い服を着るのが好きな男の子を、男の娘（カタカナで「オトコノコ」と書く場合もあります）と呼ぶのですが、男の娘は、トランスセクシュアルとは異なり、整形をしたり、体にメスを入れたりしません。彼らは女装が好きな男の子。となると、「従来の女装者とはどこがどう違うのでしょうか？」「恋愛対象は男？　それとも女？」、「結局将来的には体を変えてＧＩＤになるの？」といった疑問もわいてくることでしょう。

まず、従来の女装とはどう違うのでしょうか。それは何よりも見た目（＝外見）です。これまでの女装は、年齢・容姿不問の世界でした。男が女メイクして、女性物の服を着ていれば女装でした。極端な例で恐縮ですが、オジサンがファンデーションを塗りたくっただけ

……
同じ女装…よね？
女装ではなくて、
男の娘ですよっ♥

で、ファッションセンスゼロの洋服を着て、ストッキングの下にすね毛ジャングルが見えていても、女装でした。

これに対して、いまどきの女装者たち、男の娘のモットーは、あくまでも可愛らしくです。ノンケから見て、可愛いと思えるようなハイ・クオリティな女装を目指します。

〈男の子→男の娘〉なわけですから、世代的には※U《アンダー》25世代、一〇～二〇代の男の子たちということになります。体はノンオペレーション（手術なし）。豊胸手術もまずしていません。男の娘の場合、フルタイム（一日二四時間ずっと）という人は少なく、外出するときやイベントのときだけ男の娘として装う方がほとんどです。ゆえに、

※U25世代
「特例法」以後の世代を本書ではこう呼ぶことにします。

髪も自前という方もいますが、ウィッグ（かつら）で男の娘になり、すっぴんになると男性モードになれるよう地毛は短くしている人が多いようです。

男の娘の基本は「今ここで、女の子のような可愛い装いをしたい」ですので、「将来は女の子になりたい（戻りたい）」というトランスセクシュアルとは異なります。

セクシュアリティに関していえば、男の娘の恋愛対象は人それぞれで、「特にこだわらない」という方が多いように思います。ノンケ、バイ、ゲイ、どのタイプの男の娘も存在します。人によっては、「そういうゲイとかバイとか、いちいちカテゴライズされたくないんです。私は女の子の可愛いファッションを楽しみたいだけ」と言う方も多く、彼女がいながら男の娘という方、男の娘としての見た目をしているときだけはバイになれるという方、特に恋愛対象はコレと決めずに好きになった人が好きな人という方、色々です。いずれにしても、あまり外部から細かく分類されたくないと思っている人が多いようです。

気になった方もいると思いますが、この〈彼女がいながら男の娘〉。これは「彼女としてはどうなの!?」と思われるかもしれません。特にノンケ男性からするとありえない組み合わせと思う方もいるかもしれません。でも、ありえるんです。

女性は昔から、女装やニューハーフには寛容な方が多く、**オコゲ**※という女性も現にいらっしゃいます。「好きになった人が好きな人。その人が時に女装していようが気にしないし、楽しいですよ～。一緒にメイクやファッションの会話も楽しめるし、時には男として、時

※オコゲ
ニューハーフやオカマさん、男の娘を恋愛対象としてみる女性。語源は「オカマの底にくっつくのがオコゲだから」なのよ♡

には女としての魅力があり、中性的な魅力もあるので、他にはない魅力で愛しています。そのときによって男の姿でデートしたり、女の姿で女同士デートとかもできますしね（笑）」という女性は少なくありません。

　男の娘という言葉が聞かれるようになってきたのは、二〇〇九年のことです。「オトコノコ」という言葉は、インターネットや同人誌、マンガのなかで使われるようになります。けれども「男の子キャラクターが女の子にしか見えないくらい美少年で、女装する（もしくは女装しなくても女の子に見える）」という設定は、マンガや小説などの作品においては、定番のキャラクター設定のひとつとして以前から存在していました。

代表的なのは八〇年代前半にアニメ化もされたマンガ**『ストップ!!ひばりくん!』**※の主人公、大空ひばりです。ひばりくんは女の子の見た目をするのが好きな男の娘ですね。八〇年代後半では、**『聖闘士星矢』**※のアンドロメダ瞬。このキャラクターも女の子に見える男の子で、女の子の服は着ませんが、身にまとうクロス（戦闘服）は、なぜか胸があるように見えるデザインになっています。九〇年代前半では、「月刊コロコロコミック」に連載されたマンガ**『バーコードファイター』**※のヒロイン有栖川桜。ある意味、桜も男の娘ですが、桜は将来的に心身ともに女になることを理想としているので、男の娘というよりもGIDの若い頃という方が正しいでしょう。

※『ストップ!!ひばりくん!』
江口寿史作
一九八一～一九八三年まで「週刊少年ジャンプ」に連載されたマンガ。

※『聖闘士星矢』
車田正美作
一九八五～一九九〇年まで「週刊少年ジャンプ」に連載されたマンガ。

※『バーコードファイター』
小野敏洋作
一九九二～一九九四年まで「月刊コロコロコミック」に連載されたマンガ。

男の娘として爆発的な人気が出たのは、二〇〇二年に登場した対戦型格闘ゲーム『GUILTY GEAR XX』に登場した女の子として育てられた少年キャラクター、ブリジットでしょう。これ以後、同人界や秋葉原、PCアダルトゲームには、多くの男の娘ジャンルの創作作品が登場するようになります。

この頃には、ニューハーフ業界にもその余波が及びます。それまでは昔ながらの職人気質・ニューハーフ（綺麗で、おしゃべりがおもしろくて、歌えて踊れて気がつかえて、顔の整形はあたりまえ、胸や下も手術していてこそニューハーフ！といったニューハーフ）が求められていたのですが、ニューハーフのお店に来るお客様からは、まだ女装に毛の生えた程度の素人ニューハーフが求められる割合が多くなっていきます。ノンケの水商売業界にもあった、いわいる**素人ブーム**※といった感じでしょうか。

男の娘人気は、その後も勢い落とすことないまま、二〇〇六年に「男の娘COS★H」という**同人誌即売会**※が開催されます。二〇〇九年には、男の娘がメイドになり働くメイド喫茶が秋葉原にオープンします。この年には、十冊近い男の娘関連の書籍や雑誌が創刊されました。そして二〇一〇年には、新語・流行語大賞のノミネートワードベスト一〇〇に、男の娘がランクイン。一気にお茶の間にも男の娘という言葉が知れわたっていきました。

一時的なブームとしての言葉で終わるのか、十年先もあるのかはわかりません。今その中心は一〇~二〇代の男の娘ですから、どんどんみんな卒業していかざるをえないわけで。

※素人ブーム
本業が水商売のプロホステスではなく、本業は大学生や会社員、ナース等の人がバイト感覚で水商売をやり始め、その素人くささがセンセーショナルでブームとなった。玄人にはない初々しさや「教えてあげたい」という気持ちにさせるといったのが魅力。

※同人誌即売会
同人誌を配布・領布・販売する集会のこと。

でも、卒業後も趣味で女装をする男性になるのか、ニューハーフの方に行くのか。今後を見守りたいと思います。

2. 腐女子と腐男子

さて、**腐女子**と**腐男子**。この言葉もここ最近出てきた言葉です。

男性同士の恋愛を扱った小説やマンガなどを好む女性のことを腐女子と呼びます。彼女たちは、アニメや小説のような二次元作品のキャラクター同士だけでなく、実在するアイドル同士、俳優やバンドマン、お笑い芸人同士でも「もしもこの人とこの人が恋愛していたら」と妄想し、カップリングさせます。

最近では腐女子が、オタク商品の確たる購買層となりつつあります。腐女子にとって魅力な男性キャラクターが数多く登場するお膳立てされた作品もあります。しかし、腐女子の多くは、お膳立てされたものよりも、火のないところに煙を立てるのが好きなので、男同士の熱い友情や敵対といった深い人間関係が成り立っているバトル系やスポーツ系の少年マンガを好みます。芸能界では男性アイドルグループやヴィジュアルバンド、コンビのお笑い芸人で妄想をふくらませるのです。

もっとレベルの高い腐女子になってくると、クラスメイトの男の子グループを腐女子目

線で見たり、人間以外のものを人型のキャラクターに擬人化して、「東京都と大阪府だと大阪府が攻め（男役）だよね〜」というふうになったりと、妄想も高度化します。かくいう私も腐りきった腐女子。いや、もう女子ではありませんので、貴腐人です。**BL**※（**ボーイズラブ**）、**やおい**※、**ゲイマンガ**※をこよなく愛し、一〇代の頃には同人誌を描いて、コスプレしながらコミケにも参加したりしていました。

　でもなぜ〈腐〉女子なのでしょうか。それは、ゲイ要素を含まない作品の男性キャラクターなのに、同性愛的視点でとらえてしまい、男性キャラ同士が「もしも恋愛していたら」と妄想して楽しむ自らの思考や発想を、自虐的に「腐っているから」といったことから生まれたといわれています。腐

※BL、やおい、ゲイマンガ
8章3節参照。

女子というのは趣味趣向のひとつですから、腐女子自身が同性愛者というわけではありません。

腐女子とは異なりますが、似たような言葉で**オコゲ**というジャンルの女性もまれにいます。オコゲとは、恋愛対象がゲイやオカマ、ニューハーフといった方々で、オカマにいつもくっついているからオコゲ。腐女子は男性同性愛をあくまでも憧れや妄想の世界のなかだけで楽しみ、恋愛の対象にはなりませんが、オコゲはニューハーフやゲイと友だちとしてではなく、恋愛対象として付き合いたいという方々です。けれどもその恋愛の多くは報われません。数としてはかなり少数派になるでしょう。しかしオコゲは一過性の〈お姉さまに憧れるなんちゃってレズビアンの女子高生〉のように、しばらくしたらノンケ男性を愛するという方がほとんどです。

そして次に、**腐男子**は腐女子の男性版、BLが好きな男の子をいいます。これも男の娘《オトコノコ》のようにセクシュアリティや性的対象は不問です。ノンケでも、バイでも、ゲイでも腐男子。なかなかノンケの腐男子はいないと思われがちですが、腐女子の彼氏は腐男子になりやすかったりします。常日頃から腐女子の彼女が読んでいるBLが身近にあると、ふとしたときに読んでみて「ストーリーは少女マンガみたいでおもしろいね」と言ったら、ハイ！　腐男子へのジェットコースターは走り出します。腐女子の彼女は全力で「コレは初心者でも楽しめるよ！　この作家さんのならいいんじゃない!?」と巧みな言葉でジェットコースターを加速させ、もともと少女マンガも好きだったりする男性だとさらにスピードアップ！　はい、腐男子のできあがり、という場合もあります。

ＢＬは少女マンガのように読みやすく、濃いＳＥＸシーンがない作品もあるので、トキメキやお笑い重視のＢＬでしたらノンケ男性でも楽しみやすいんです。私の主人も腐男子にはなりませんでしたが、もともとオタク気質でしたので、私の持っているライトなＢＬ本はたまに読みます。また別のパターンとしては、「本当はゲイだけど、カミングアウトはしたくない。でも腐男子っていうジャンルなら……」というノンケの仮面を被った腐男子さんも見受けられますね。

また、男性ＢＬファンには、まだ自分のセクシュアリティがあやふやで、ゲイなのかバイなのかノンケなのかＭｔＦなのか自分でも迷走中の方や、そもそも恋愛にあまり興味がないからセクシュアリティにも興味がない男の子や草食系男子も結構います。

3．ＢＬとやおい

最近、耳にする機会の多くなった**ＢＬ（ボーイズラブ）**、**腐女子**という言葉。いまや書店の少女マンガコーナーでは、ひとつのジャンル

としてすっかり定着し、BL雑誌も数多く出版される時代になってきました。腐女子という言葉にも、いまや新鮮さは感じません。

BLとは、〈Boys Love（BOY'S LOVE）〉の略。男性の同性愛を題材とした主に女性向けの小説やマンガなどのジャンルのことです。同じような言葉に**やおい**というのもあります。やおいとは「や＝山なし、お＝オチなし、い＝意味なし」で、同人作家が自虐的に自分の作品（同性愛のSEXや恋愛模様を題材にしたもの）を、やおいと言い始めたといわれています。その後、やおいという言葉が独り歩きして、やおい＝同性愛のジャンルとなったといわれています。

ではBLとやおいとの違いはというと、人によって定義がまちまちで、その線引きはあやふやなようです。一般的に、BLは「商業化された、オリジナルのキャラクターを使ったオリジナル本」、やおいは「同人誌で、アニメ・マンガ・小説・ゲームなどのキャラクターを用いたパロディ本」といわれています。最近では、やおいという言葉よりもBLの方が、メディアではよく使われるようになり、同性愛を題材にした主に女性向け作品はBLとして扱われてきているようです。今では同人誌をBLと言ったりしています。

では、男性同性愛をテーマにした作品はいつ頃から出てきたのでしょうか。はじまりは七〇年代の少女マンガ、竹宮恵子の『**風と木の詩**』※、萩尾望都の『**トーマの心臓**』※あたりといわれています。七八年には**「Ｊｕｎ」**（サン出版、翌年**「Ｊｕｎｅ」**へと誌名変更。

※『**風と木の詩**』
竹宮恵子作
一九七六年から「週刊少女コミック」、一九八二〜一九八四年まで「プチフラワー」に連載されたマンガ。

※『**トーマの心臓**』
萩尾望都作
一九七四年から「週刊少女コミック」で連載されたマンガ。

一九七八～九六年）、一九八〇年には「ＡＬＬＡＮ」（みのり書房）といった女性向け男性同性愛情報誌が創刊されます。この頃から、男性同性愛を扱った作品が〈Ｊｕｎｅ系〉〈耽美系〉などと呼ばれるようになります。

八〇年代半ば、『キャプテン翼』のアニメ化（一九八三年放送開始）に伴い、パロディ同人ブームがおきます。やおいという言葉が、こうしたブームのなかで、男性同性愛のSEX描写そのものを指す言葉として使われるようになります。その後、『聖闘士星矢』のパロディーブームなどを経て、それまではパロディがメインだった同人業界にだんだんとオリジナルものが増えていくようになります。

九〇年代に入り、ＢＬ専門誌が創刊され始めます。ボーイズラブという言葉が生まれたのはこの頃で、「イマージュ」（一九九一年、白夜書房）の表紙に〈BOY'S LOVE COMIC〉と表記されたのが始まりで、「まんが情報誌ぱふ」（雑草社）が、Ｊｕｎｅ系の作家や作品を特集するにあたり、〈BOY'S LOVE〉という言葉を使い始めます。それ以後も「ぱふ」が〈BOY'S LOVE〉を使い続けるうちに、この呼び方が定着し、ジャンルの呼び方として読者に浸透していったと考えられています。ちなみに、一九九〇～九五年の間に、三〇冊以上のＢＬマンガ誌が創刊されたそうです。

こうして出版社による商業ベースのBL誌が数多く創刊されても、同人誌がすたれることはありませんでした。当時は、BL誌の場合、同人誌のマンガ作家を出版社がスカウトするというケースが多く、BL誌の作家になっても、自分の同人誌にも描いている人が多かったというのが、その理由のひとつといえるでしょう。BL誌でファンになった読者が、その作家の同人誌を求めて即売会に行くといった、逆輸入現象まで起きるようになりました。

同人誌はいまもすたれるどころか、ますます活況を呈しており、最近では、BLの作家の数も雑誌の種類も増えて、分化が進んでいるようです。

4．BLとゲイマンガ

本書では、男性同性愛をテーマにした男性（ゲイ）向けの作品を、BLとは異なるものとしてゲイマンガ（ゲイコミック）と呼ぶことにします。ゲイ雑誌（「Badi」、「G-men」など）やゲイコミック雑誌に連載されているようなマンガがそれです。ちなみに、本書のイラストレーターPESOXも私のゲイ友、ゲイマンガ家です。

しかし、近年はその発展分化の速さがすさまじく、私ごときが分類解説しようというのも、おこがましいといった状況。これはあくまで私見ですが、2つの違いを述べるなら、かつては、BLとゲイマンガは、絵のタッチが大きな違いのひとつでした。これは少年マンガ、少女マンガの違いとも言えました。

　ゲイマンガは、ＢＬと比較して性的描写が多いというのも特徴であると思います。もちろんストーリーやキャラクターも大事です。感動できるゲイマンガも多くあります。しかし、どちらかというと、読者（主にゲイ）が性的に興奮するために紙幅を割いているといえそうです。ＢＬのなかにも性的に興奮させる要素もありますが、ゲイマンガと比べるとエロティシズムの探求よりも、男性同性愛をテーマにした〈ドキドキ〉、〈キュンキュン〉を求める女心を満たす〈男性同性愛少女マンガ〉が未だ厳然たる一大派閥として存在しているのです。これは、ゲイマンガに、よりリアルなゲイの描写が求められた結果であろうと推測しています。私はね。

　またストーリーや設定にみられる違いとして、ＢＬの場合、「お互い百パーセントゲイです！」というわけではなく、「お互い、ノンケなんだけど、オマエとだったら……」といった感じで、ノンケとノンケが友情を越えてＳＥＸというパターンが多くみられます（統計とったわけじゃないけどさ）。「主人公はノンケです、女が好きです。でもいま気になる人はノンケの男友だちです。今まで男とＳＥＸなんてしたことありません」というの

がBLの主人公にはありがちなのです。

　これに対して、ゲイマンガの場合、「主人公はゲイです。男が好きです。今好きな人もゲイ（もしくはノンケ）です。前にも他の男とSEXしたことあります」となりがち。ゲイの私生活が色濃く描かれていて、セリフにも**ゲイ用語**※がたくさん出てきます。ゲイの読者から見て、「あ～、わかる！　こういうのあるよね～」というストーリーや、「もしかしたらありそう、こんなことあったらいいな」というストーリー展開が多いようです。妄想というよりは、ゲイの欲望がみっちりで、暴発寸前といった風情とでも言えましょうか。

　BLの場合、読者がだいたい女性なので、ゲイ用語はまず出てきません。ストーリーや設定は「こういうカップリングで恋愛してたら、萌えるよね」というのが大切。リアリティよりも萌え要素が大事なのです。女性が想い描く妄想のゲイ像と言いましょうか、リアリティを追求することはあまりないように感じます。ただし、先に述べたように、近年はその境界もあいまいで混沌とした状況。ただ深くて広い世界が広がっているといった印象です。

　たまにゲイの方で「BLは夢物語でつまらない、ゲイを馬鹿にしている。あんなのありえない」と言う方もいますが、現実にはありえないような世界観やシチュエーション、さまざまな妄想の恋愛などが描かれているからこそ、こうしたマンガや小説は楽しいのです。

※ゲイ用語
ゲイ間で用いられる符牒・隠語のようなもので、世間に知られている用語もあれば、ゲイの中でもマニアックな用語もある。広まっているのでは「イカホモ」「タチ・ネコ」「店子」「ハッテン」など。

第9章

セクシュアルマイノリティの社会

1. ニューハーフとオナベ

私たちMtFやニューハーフやゲイの世界（＝社会）と、FtMやオナベさんやレズビアンとの世界（＝社会）は近いようで遠かったりします。業界として最も距離が近いのは、ニューハーフ業界とオナベ業界でしょう。水商売同士で、ショーパブ（ショーを観ながらお酒を飲んで、接客されるお店）によっては、ニューハーフとオナベさんが一緒に働いていたりします。一緒にショーで踊り、一緒に接客をするといったショーパブは多くあります。ショーをしないニューハーフクラブでもオナベさんがボーイをしているケースも珍しくありません。逆にオナベさんメインのお店でニューハーフがウェイトレスをしているというのは私は聞いたことありません。

このような感じで、水商売ではニューハーフとオナベさんは共存して仕事しているということはよくあるのですが、それがゲイとレズビアンとなると話は変わってきます。

2. ゲイとレズビアン

ではゲイとレズビアン。このつながりは少なかったりします。それはお互いが恋愛対象にはどうやってもなりえませんので、どう転がっても友だち同士。だからゲイとレズビアンの場合は、新宿二丁目などのゲイタウンやそういった飲み屋で友だちになり仲良くなる、知り合いを通じて友だちになるということはありますが、自分から積極的に行動してブログや掲示板で「私はレズビアンですがゲイの方と友だちになりたい！」とか、ゲイがレズビアンと友だちになりたいから、一人でレズビアンバーに行くというようなことは少ないですね。

ゲイが働くゲイバーとレズビアンが働くビアンバー（レズビアンバーを略してこう言います）は個々に分かれていて、ゲイとレズビアンが一緒のお店で働くということはまずありません。あったとしても珍しいと思います。

なぜかというと、ニューハーフとオナベさんの場合は基本的にお客様の対象がノンケさんで、同性愛者よりも異性愛者を対象にして営業しています。異性愛者（ノンケさん）カップルのデートコース、女の子グループの女子会、男の人同士でワイワイ楽しむ飲み会といった来店動機が大半です。意外とニューハーフやオナベを性的対象として、出会いや恋愛を求めてというのもなかにはあるかと思いますが、どちらかというと少数だったりします。

ノンケさんの営業しているホストクラブやキャバクラとはまた違った営業スタイルで、ニューハーフクラブやショーパブは恋愛感情とかはあまり無く、ショーを観たりして盛り上がって、ワイワイ楽しむ方が多く、同業者（同じように水商売をしているニューハーフやオナベ、ホストさんやキャバ嬢さんたち）がお客様を連れて朝までワイワイ飲むというような場面も多く見られます。

ゲイバーの場合はニューハーフクラブやショーパブと同じように異性愛者を対象にした〈観光バー〉というスタイルのゲイバーと、ゲイだけを対象にした異性愛者や女性入店お断りのゲイバーの二種類があります。ビアンバーにも観光バーは存在しますが、ゲイバーと比べると数はとても少ないです。だいたい一〇分の一くらいでしょう。

3．レズビアン、オナベ、FtM

なぜビアンバーはゲイバーに比べて数が少ないのでしょうか。よく思われがちなのは〈レズビアンが絶対数としてゲイよりも少ない〉という説です。これはどうにも確かめようがありません。メディアではゲイやニューハーフばかり出てきますし、夜の街でも目立つのはゲイやニューハーフ。だからといってレズビアンやオナベが数的に少ないというわけではありません。レズビアンやオナベは見た目や仕草も目立ちませんし、オネエ言葉やオカマらしい仕草のように、〈そこにいるだけでカミングアウト〉というようなことあまりありませんからね。

男性同士で手をつないでデートしていたり、イチャイチャしているだけで目に止まりますが、女性同士で手をつないでデートしていたり、イチャイチャしていても別に目立つことでもありません。女子校や女の子グループではよくある光景、で終わります。また、オカマさんは目立ちますが、オナベさんは「ん？　ボーイッシュな人だなー」くらいで終わったりします。女性の短髪ですっぴんも珍しくありませんが、男性がフルメイクで巻き髪ロングヘアーは目立ちます。そういう感じで、レズビアンやオナベさんの方が街に溶け込みやすいので、異性愛者さんたちからは気づかれにくい。だから少ないように思うのでしょう。

収入という面でも、ゲイやニューハーフさんたちの方が平均所得は高いですね。どうしてゲイやニューハーフの方が稼げるのでしょうか。今の世の中、いくら男女雇用機会均等法とかいわれていても、やはり男性の方が稼ぎやすいですし、ニューハーフとオナベをホステスとホストとして比べて見ても、ホステスの方が稼げます。昼間は男性としてという方が稼ぎやすいですし、夜は女性としてという方が稼ぎやすいので、ゲイやニューハーフの所得が高くなるのでしょう。そこに便乗して、レズビアンの子が夜ホステスしていたり、オナベの子が昼間トラックに乗ったりとかはよく聞きますね。

異性愛者の世界でも、男性が遊ぶ店の方が女性の遊ぶ店よりも多いですよね。オナベさんやＦｔＭの人が夜遊びをするときは普通のキャバクラに行ったりしますし、ニューハーフクラブにも行きます。ですがニューハーフやＭｔＦは夜遊びというとホスト遊びよりもゲイバーやニューハーフクラブに行く方の方が多いです。もちろんレズビアン同士が集まれるビアンバーも需要はありますが、観光バーとしてのビアンバーはゲイバーほど需要が多くなかったりします。オナベバーも同様、ニューハーフクラブほど需要が多くはありません。メディア（テレビなど）での取り上げ方をみても、ゲイやニューハーフがバラエティ番組で取り上げられる場合、その多くは色モノ的に取り上げられることが多い。だからおもしろいんですね。

　オネエ言葉を使う、鋭い突っ込みを入れる（逆に入れられる）ゲイやニューハーフはおもしろく、角が立たないのです。逆にオネエ言葉を使わないゲイやニューハーフはあまりバラエティ番組には登場しません。それは異性愛者側からしても、〈イジりにくい〉からなんです。ベタベタなツッコミですが、「お前どう見てもオッサンやないか！」とか、「うわーくっつくんじゃねーよ」とか、「その胸シリコンでしょ？　でかいなー」いうようなツッコミや反応に

対して、オネエ言葉で巧みに切り返し、何を言われても笑顔で動じず、ポンポン言葉をおもしろおかしく返せるのがゲイやニューハーフなのです。

逆に、レズビアンやオナベさんたちが同じようにオネエ言葉で返してしまうと、テレビのなかとかですとまた違う空気になってしまいます（水商売の営業スタイルとしてはよくありますが）。オネエ言葉を使わないゲイやレズビアン、ＭｔＦやＦｔＭに同じようにツッコミを入れたりすると、「これって差別や偏見になってしまうんじゃないか」など色々と考えてしまうので、異性愛者側からすると「言いづらい、ツッコミにくい」と腫れ物に触るようになってしまうのです。こうした方々の場合、メディアには出てきてもバラエティよりも真面目な番組のコメンテーターとして登場することが多いです。異性愛者側も真面目な対応やコメントをします。

一般のノンケの人たちも、ニューハーフやゲイには「オッパイ作ったの？　触らせてー」とか下ネタや下品な話にも振りやすいですが、レズビアンやオナベには「オッパイ取ったの？　触らせてー」とか言い難かったり、どこまで言ったり聞いたりして良いのかわからなかったりします。

ですので、私が一緒に働いていたオナベさんたちもよく悩み、どうやったらノンケのお客様が気軽に接していただき楽しんでいただけるかをよく考えていました。オナベやニューハーフはそうした対応に慣れていたりします。下ネタや体のこと、手術した部分を聞かれるのは日常茶飯事です。そんなことをいちいち気にしていたら仕事にならないし、身がもたないですしね。

でも、ゲイやニューハーフには聞きやすくても、レズビアンやオナベには聞きにくかったりするようで、こうした理由からも、遊びやすいゲイバーやニューハーフクラブの方に需要が傾いてしまうようです。もちろん遊びなれている方はオナベバーや観光バーのビアンバーでも上手に遊んでいますが。

４．ＭｔＦとＦｔＭ

そしてＭｔＦとＦｔＭですが、ここのつながりは前者までのつながりとは違い、同じ水商売や同じ仕事をしてつながるということはあまりありません。ＭｔＦは主に昼間女性として働きますし、ＦｔＭは主に昼間男性として働きますから、本人同士がつながるためには〈ＧＩＤの集い〉のようなインターネットのＧＩＤコミュニティサイトやソーシャルネットワーキングサービスでのオフ会や、ＧＩＤ向けのインターネットサイトやＧＩＤ本人がやっているブログ等で個人個人で連絡を取り合う、などで知り合うのが主なので自分から行動し、知り合いをつくろうと思わないとなかなか知り合う機会がありません。

ニューハーフやオナベ、ＭｔＦやＦｔＭは体を変えていくためのホルモン治療や性別適合手術の病院情報交換や同じ悩みをもったもの同士で話がしやすいなど、友だち募集が主ですが、なかにはGーD同士で恋愛というパターンもあります。

ここで言うGーD同士の恋愛というパターンはMtFとFtMか、ニューハーフとオナベというパターンのことです。MtFとMtFやニューハーフとニューハーフというような同種同士は恋愛対象にはなりません。

ニューハーフとオナベ、MtFとFtMの恋愛だと、同じ悩みや過去をもったもの同士ということもあり、発展しやすかったりもします。GーDという言葉もなく、戸籍の性別も変更できなかった時代でもよくニューハーフとオナベで付き合い、結婚、入籍というパターンが少なくありませんでした。当時は、戸籍の性別が変えられないので、結婚するためにはニューハーフ（戸籍は男）

とオナベ（戸籍は女）というパートナーシップしかありませんでしたからね。

　ゲイカップル、レズビアンカップルの場合、基本的には養子縁組が結婚に近い感じになります。日本ではまだ同性愛者同士の婚姻は認められていないですからね。異性愛者の結婚とは違い、若いうちに養子縁組をするカップルはほとんどいません。長年連れ添ったパートナーとお互いに歳を重ねたときによく出てくる問題。遺産相続、入院や手術の際の同意書にサイン、身内以外面会謝絶のときなど、養子縁組で家族になっていないと色々とたいへんだったりもするので、養子縁組を考える同性愛者カップルもいます。ただ養子縁組をすると片方の苗字に統一ですから、苗字を変えるほうは職場などでの対応が少し問題にもなったりします。

第10章

ホモフォビア、トランスフォビア、ヘイトクライム

1. ヘイトクライムって何？

ここでは、「ホモフォビア」（homo phobia ＝同性愛者嫌悪）と「トランスフォビア」（trans phobia ＝性転換者嫌悪）が引き起こした犯罪、「ヘイトクライム」（hate crime ＝憎悪犯罪）をアメリカと日本においてみていくことにしましょう。

ヘイトクライムという言葉は、七〇年代にアメリカで使われ始め、八〇〜九〇年代にかけて欧米で一般化した言葉ですが、日本ではあまり馴染みのない言葉といってよいでしょう。この言葉は社会学的にみてとても重要です。ヘイトクライムの被害者となるのが、ある特定のセクシュアルマイノリティ（ホモセクシュアル、トランスセクシュアルなど）や、ある特定の人種（race）・民族（ethnicity）であるからです。

ヘイトクライムはすべて同じ構造をもっています。「絶対化」という構造がそれです。私たちのいま、ここにある社会は多様です。色々な人がいます。そして色々な国があります。色々な人がいてよいし、色々な国があってよいのです。でも、人は自分（たち）が一番と思

自分の世界を絶対化することなく、
たえず相対化すること。これが社会学なんだよ。

いがちですし、自分（たち）の国が一番と思いがちです。自信をもつこと、愛国心をもつことは誰も否定しません。問題は自分（たち）の社会・世界だけしか見ないことにあります。

自分（たち）の社会・世界に固執して、社会・世界を広げなければ、自分（たち）のことしか考えない、いわゆる、自己中心的な社会観・世界観が支配することになります。すると、異質な他者を認めること、そして受け入れることが困難になっていくのです。自分たちとは異なる他者を認めないどころか、そうした人々を嫌悪し、憎悪し、そして排除してしまうのです。

アメリカの歴史は、フォビア、ヘイトクライムとの闘いの歴史といっても過言ではありません。特にその現代史において、白人の世界の押しつけ（白人の世界の絶対化）に対しては黒人が、男性の世界の押しつけ（男性の世界の絶対化）に対しては女性が、そして異性愛者の世界の押しつけ（異性愛者の世界の絶対化）に対しては同性愛者が異議を申し立て（プロテスト＝protest）、こうした世界の絶対化に対しては、対照的な視点から相対化を試みてきたのです。

絶対化（絶対的なもの・権威的もの）に対して、絶えず相対化していくこと。実はこれが、社会学することに他ならないのです。

2．アメリカにおけるヘイトクライム

九〇年以前のアメリカでは、ヘイトクライムに関する統計を取っていませんでした。人種民族差別、宗教的偏見、セクシュアルマイノリティ差別が犯行の動機であったとしても、ヘイトクライムとしてカウントされなかったというわけです。

ようやく九〇年になって、米国議会は、長年の社会問題となっていたヘイトクライム事件を各州、市政府の警察機構が犯行動機別に統計化し、ＦＢＩ犯罪白書に記載させるという法案を通過させます。ちなみに私がアメリカに留学したのは九二年でしたが、ヘイトクライムが一般の人々にも認知され、大学でもその撲滅に向けてさまざまな取り組みが行なわれていたことをよく覚えています。

こうしたヘイトクライム撲滅運動のおかげで、ヘイトクライムは減少に転じますが、ここ最近、再びヘイトクライムの事件数がニューヨーク州とカリフォルニア州の大都市で増加しているのが現状です。

　では、トランスジェンダーとトランスセクシュアルに関するヘイトクライムを取り上げることにしましょう。トランスジェンダーに対するヘイトクライムとしては「ブランドン・ティーナ事件」が有名です。

　ブランドンは一九七二年、ネブラスカ州で生まれます。ネブラスカ州は、アメリカ中部にあり、アメリカのなかでも保守的な土地柄といってよいでしょう。〈彼〉はここで生まれ育ちます。母親によれば、ブランドンは物心ついたときから、〈男〉だったと言います。高校を卒業した頃には、男性として生活するようになっていたようです。パートナーも女性でした。二一歳の年に、ネブラスカ州の別の町に転居。そこで完全にカミングインし、ブランドンは誰にもばれることなく、そこで男として生活しはじめます。友達も彼女もできます。ブランドンはFtM（女から男への性転換者）

で性別移行中でしたので、トランスジェンダーということになります。

しかし、請求書の偽造という過去の過ちが発覚して警察沙汰になり、そこでブランドンが〈女〉であることが発覚。その事実を聞きつけた地元新聞、「フォールズ・シティ・ジャーナル（Falls City Journal）」は「請求書を偽造したブランドンは実は〈女〉」と書き立てたのです。

日本でもそうですが、こうした噂はアメリカでもすぐに広まります。保守的な土地柄ですので、ブランドンが女であったという事実を男友達は受け入れることができません。発覚後間もないクリスマスの日、ブランドンはこの男友達にレイプされてしまいます。「警察にいったら、殺す」と彼らに脅されていましたが、ブランドンは警察に暴行の事実を告発します。そして大晦日の日。ブランドンは彼らによって射殺されてしまうのです。二一年の人生でした。痛ましい事件でしたが、この実話をもとに『**ボーイズ・ドント・クライ**』[※]という映画、また『ブランドン・ティーナ・ストーリー』といったドキュメンタリーが制作されました。

この他にも、トランスジェンダー、トランスセクシュアルに対する憎悪・嫌悪が引き起こすヘイトクライムがアメリカにおいて後を絶ちません。はじめにも書きましたが、アメリカ社会は二重三重に社会問題が折り重なっている社会だといえます。

アメリカに限らず、社会学が扱わねばならない問題は、〈貧困〉と〈差別〉、この二つに尽きるといってよいのですが、アメリカの場合、この社会問題は特にマイノリティと相関

※**『ボーイズ・ドント・クライ』**
とても辛く見たくない現実が描かれています。しかし、この見たくない現実を見ることから、社会学的探究が深まっていくのです。

してきます。たとえば、白人と比較して差別が集中するのは黒人。男性と比較して差別が集中するのは女性。ヘテロセクシュアルと比較して差別が集中するのはホモセクシュアル。白人中心、男性中心、ヘテロセクシュアル中心といった具合で、二重三重の差別を集約してしまっている社会がアメリカといってよいでしょう。

ブランドンをレイプし殺した男たち、いわゆる**ペニス中心主義者**※にとっては、女は征服するもの（性の対象）でしかないのです。彼らにとって男が男であることの根拠はペニスしかありません。だからペニスをもたない〈男〉、すなわちＦｔＭ（加えていえば、ペニスをもたない元男、すなわちＭｔＦ）は、恐るべき、認め難い、信じ難い他者となるのです。性転換者嫌悪（トランスフォビア）は、こうして生まれます。同性愛者嫌悪（ホモフォビア）も同様です。

アメリカにおけるトランスフォビアは、ＭｔＦよりもブランドンのようなＦｔＭの方が深刻なようです。ペニス中心主義者にとって、ＭｔＦは、トランスジェンダーの場合、ペニスがあれば〈仲間〉、トランスセクシュアルの場合、〈穴〉があれば〈相手〉となり、〈認められる〉他者となります。それに対して、ＦｔＭは、トランスジェンダーの場合、ペニスがない、トランスセクシュアルの場合、ペニスがあっても勃起しないという理由から、〈認められない〉他者となってしまうのです。ブランドンに対するフォビアがそれほどまでに大きくなり、殺人にまで至ったその背景には、この〈男性中心〉、〈ペニス中心〉の考えがあっ

※ペニス中心主義者
ペニス＝男性の象徴。男性中心主義者と同じ意味。

たと思われます。

アメリカは自由の国であるとはいえ、それは理念であり、建前にすぎません。ホモセクシュアル、トランスセクシュアルであるのは個人の自由なのですが、ホモセクシュアルやトランスセクシュアルであることは当事者にとっては不自由ということとなり、社会においては許されないこととなるのです。ブランドンのようなトランスジェンダー・トランスセクシュアルはカミングインして生活してきたのでした。彼・彼女らが声を挙げるのは、ブランドンの死後、九〇年代の中頃と、実は比較的最近のことなのです。

ブランドンと同じようなFtMに関わる問題を描いたものに、『ロバート・イーズ』というドキュメンタリー映画があります（監督はケイト・デイヴィス。ニューヨーク・ハーレムの黒人ゲイの世界を描いた『パリ、夜は眠らない（Paris Is Burning）』の製作にも関わっています）。これは末期の子宮ガンになったトランスセクシュアル、ロバートの最後の一年を追ったドキュメンタリー映画です。ロバートは女性として生まれ、結婚し、二人の子どもを産み育てた後、三五歳で男になります。

ロバートが暮らしていたのはジョージア州のとある町。ブランドンの暮らしたところと同様に保守的な土地柄。ロバートがFtMだとは知らずに、「KKK」（白人至上主義者の集まり）のメンバーが入会を勧めてきたこともあったそうです。「これには笑えた」とロバートは笑って話していますが、それほど彼が〈男〉としてカミングインしていたということでしょう。

　しかし、女から男に戻り、普通の生活をしていた矢先に、彼は子宮ガンを宣告されてしまいます。彼を診てくれる産婦人科はありません。ようやく見つけた病院で、ロバートが子宮摘出を望んでも、病院側はそれを拒否します。理由は容易に推測できます。医師は、ヒゲ面の男にしか見えない元〈女〉の子宮を摘出することを、生理的な理由、実は社会的な理由（トランスフォビア）から、「婦人科に〈男〉の入院患者さんがいれば、周りの人はどう思うかな」とか「ベッドの数が足りない」といった表向きの理由をつけて拒否したのです。ロバートを診て、治療する手立てはいくらでもあったはずです。しかし、ＦｔＭという理由で、治療は先延ばしにされてしまいます。医師の多くは男性。アメリカにおいて、ＦｔＭは二重三重に嫌われます。彼らを診てくれる医師は本当に少ないのです。

3．日本におけるヘイトクライム

　日本の場合、セクシュアルマイノリティに対するヘイトクライムは少ないといえるでしょう。日本人は比較的、寛容であるといえます。けれども、二〇〇〇年、東京江東区で起きた「同性愛者殺人事件」は、日本におけるヘイトクライムの例として取り上げねばならないでしょう。

　この事件は、二〇〇〇年二月一〇日、都立夢の島緑道公園で起きました。当時三三歳の男性が少年らによって頭や顔をメッタ打ちにされ殺害されたのです。その被害者がゲイだったのです。その公園は**ハッテン場**（ゲイの人たちの出会いの場）として知られていたのですが、少年たちは〈ホモ狩り〉と称し、こうした人々をからかったり、お金を巻き上げたりということを繰り返し、ついには殺害に至ったのです。犯人のうち少年二人は強盗殺人罪で家裁送致。主犯格と見られる成人男子が強盗致死罪で起訴されました。少年たちは、ハッテン場と知ったうえでゲイを装い、その男性に近づき犯行に及ぶという非道ぶりでした。以前からこの場ではゲイを狙った強盗・暴行事件が頻発していたのでした。

しかし、ニュース・メディアの対応は、この事件を、少年犯罪のひとつとしてしか取り上げませんでした。被害者が同性愛者であることや、現場が同性愛者の出会いの場であること、少年たちが意図的にゲイである彼を狙った犯行であったことを曖昧にして報道したのです。当時はまだ認識がなかったために、それがヘイトクライムとされなかったという国内事情もありますが、このように日本でもセクシュアルマイノリティに対するヘイトクライム

は発生したのです。

しかし、定義上、ヘイトクライムは、セクシュアルマイノリティに限ったものではありません。それには人種、民族、宗教、そして女性に対するものも含まれてきます。

最近は変わってきましたが、一昔前は、日本にも外国からたくさんの人々がやってきて、安価な労働力として、長時間・低賃金で働かされてきました。日本社会（日本人）は、表面上はこうした人々を受け入れるという〈寛容な〉態度をとりながらも、実際は無関心であり、こうした人々を異質なものとして遠ざけてきました。それゆえ、絶望そして過労死という厳しい現実に直面した人もありました。また、仮に苛酷な労働に耐え、日本で経済的に成功を収めたとしても、彼らは尊敬の対象とはならず、ときに成り上がり者として差別され、ヘイトクライムの対象となったのです。

話を元に戻しましょう。「動くゲイとレズビアンの会」を組織し、日本のセクシュアリティ研究では第一線にいる風間孝さんと河口和也さんが『同性愛と異性愛』（岩波書店）という本で、ホモセクシュアルに対する差別・偏見について書いています。そのなかで一番の社会学的な問題として強調している点が「〈寛容〉という名の無関心」という日本人特有の態度です。

日本人は、ホモセクシュアルやトランスセクシュアルに対して寛容だといわれていますが、それは表面上だけで、実はヘテロセクシュアルの人々はホモセクシュアルやトランスセクシュアルにはまったく無関心であり、関わろうとしない。たとえば、テレビに登場するゲイタレントを持ち上げるメディアに対して、彼らは批判的です。ヘテロセクシュアルの人々は、ホモセクシュアルの人々を笑いのネタにするだけ、ホモセクシュアルである人々もゲイであることを自虐的に演じるだけ。ゲイはすべてオネエ言葉で話すわけではないし、テレビに出てくるような、なよなよした立ち居振舞いをするわけではない。一見、ゲイに対して寛容に見える日本社会。しかし実は、無関心（関わろうとしない、関わりたくもない）。これが日本社会である、というのが風間さんと河口さんの診断です。

4. セクシュアルマイノリティの未来

ここ日本においては、風間さんたちが指摘するようなフォビアやヘイトクライムがアメリカほど強くなったり増えたりはしないだろうというのが私たちの考えです。また、セクシュアルマイノリティに対するフォビア、ヘイトクライムが強くなり増えていくかと問われれば、私たちの答えは「NO」です。

相対的にみて、日本はアメリカほどホモフォビアやトランスフォビアが強くないというのが現実です。日本は伝統的にセクシュアルマイノリティに対しては一貫して寛容だからです。さまざまな性愛のかたちが相対立することもなく、共存しているのです。そのため、

セクマイカルチャーは
多様で面白くて斬新、オシャレで魅力的なのよ
オカマパレード

異性愛主義が絶対化され、セクシュアルマイノリティが排除されるというアメリカ的な社会問題も日本で現実化するとは考えにくいのです。ヘイトクライムが犯行動機の事件件数を見てみても、アメリカとは比較にならないほど少ないのです。むしろ日本の場合、社会的に寛容で、無関心どころか、「ゲイカルチャー」（ゲイの人々が創り出す文化）に対しては、ノンケの人々の興味の高さがうかがえます。

　フォビアやヘイトクライムといった見たくない現実を見るとき、社会学の議論は深まります。こうした問題がなぜ起きるのかを解明すること。これは社会学に課された重大な使命です。原因を解明し、さらにはその解決の途を探すこと。これはセクシュアリティの社会学に課された重大な使命であることはいうまでもありません。しかし、セクシュアリティの社会学の課題はそれだけではありません。カウンターカルチャー（対抗的文化）として、あるいは既存の文化を相対化していくという意味では、トランスカルチャー（超越的文化）として、セクシュアルマイノリティの創り出すカルチャーの多様性には注目すべき点が多いのです。

こうしたセクシュアルマイノリティの文化を社会学する。実はこれが本書の目的なのです。

5．クイアとリフレクション

これはアメリカの場合ですが、九〇年代中頃、アメリカでは「クイア理論」、「クイア社会学」という社会学の新しい分野が立ちあがってきました。

クイア※（queer）とは、もとはオカマの軽蔑的な言葉でしたが、クイア社会学の第一人者であるスティーヴン・サイドマン（Steven Seidman）は、ゲイ・スタディーズ、レズビアン・スタディーズ、あるいはホモセクシュアリティの社会学に代わり、セクシュアルマイノリティを含み込む言葉として、積極的な意味で、このクイアという言葉を用いています。

六〇年代、黒人というマイノリティは、黒人の解放を目指して連帯しました。

七〇年代、女性というマイノリティは、女性の解放を目指して連帯しました。

七〇、八〇年代、ゲイというマイノリティは、同性愛者の解放を目指して連帯しました。

※クイア

相対化のひとつの視点。九〇年代的ではあるがアメリカを越えて日本でもクイアの文化は注目されています。最近の「オネエ」ブームはまさに男と女を超越する相対化の視点＝クイアといえます。

九〇年代、クイア社会理論／社会学は、あらゆるマイノリティの解放、特にセクシュアルマイノリティの解放を目指して、理論武装することを呼びかけているのです。

このクイア社会理論／社会学は常に、絶えず「何のための学問（社会学）なのか」、そして「誰のための学問（社会学）なのか」を問いただします。かつてアルヴィン・グールドナー（Alvin W. Gouldner）というアメリカの社会学者は**リフレクションの社会学**※（reflexive sociology）なるものを主張しました。これは、「何のため」を問うことを忘れた学問、社会学の無反省・無責任ぶりを鋭く指摘し、絶えず「何のため」を問い続けること、言い換えれば、絶対的なるものに対して絶えず相対化し続けることの大切さを訴えたものでした。

これを受けて、サイドマンは「何のため」に加えて、「誰のため」と問い続けているのです。クイア社会理論／社会学は、私たちの生き方、そして社会のあり方に対して、根本的な問いを発しているのです。その理論前提は、多様な生き方を認めて、私たちが共生していくために必要とされるものなのです。

※リフレクションの社会学
「自己反省の社会学」とも訳されます。今ここにある社会を絶対化することなく、たえず相対化すること。これがリフレクションの社会学です。

第11章

時代とニューハーフ

1．いまにいたるまで

いまは、トランスジェンダーやトランスセクシュアルのＭｔＦ側を十把《じっぱ》ひとからげで「ニューハーフ」と一般的に呼びますが、その呼び方や特色は時代時代で変わってきました。十年ひと昔と言いますが、十年刻みでその歴史を描いていきたいと思います。この分け方は、私、吉井個人の見方や分け方であって、この本独自のカテゴライズです。ＦｔＭ側の呼び方はそれほど変わらないので、ほとんど触れていません。悪しからず。

この章では年代ごとにトランスベスタイト（ＴＶ）、トランスジェンダー（ＴＧ）、トランスセクシュアル（ＴＳ）、性同一性障害（ＧＩＤ）などが入り交じりますので、総称で「～の方々」とさせていただきます。

2. シスターボーイ世代

まずは、昭和一〇〜二〇年（一九三五〜一九四五年）生まれの方々。この第一世代は**シスターボーイ**と呼ばれていました。シスターボーイとは言葉使いや態度、仕草などが女っぽい男性のことで、一九五七年のアメリカ映画『お茶と同情』でジョン・カーが演じた女っぽい男性が〈sister boy〉と呼ばれていたことから生まれた言葉です。でも、シスターボーイはあくまで立ち居振舞いや話し方が女っぽくなよなよした男性や美男子のことで、ニューハーフやオカマというわけではないんですね。当時日本のシスターボーイといえば、美輪明宏さんです。日本初と言われている〈やなぎ〉というゲイバーが営業していたのもこの頃（一九四五年頃）です。新橋烏森神社境内付近にありました。このお店が、ゲイ業界では有名な青江のママや吉野のママを輩出したといわれています。ちなみに青江のママはカルーセル麻紀さんの師匠（？）に当たる方です。

3．ブルーボーイ世代

次に、昭和二〇～三〇年（一九四五～一九五五年）生まれの方々。この第二世代は**ブルーボーイ**とか**ゲイボーイ**とか呼ばれていました。

一九六三年、パリのショー・クラブ「カルーゼル」の美しい女装ダンサー、**キャプシーヌ**一行が来日し、東京でショーを上演しました。ブルーボーイと呼ばれる彼女たちのショーが話題になり、テレビや雑誌などのメディアにも取り上げられ、いわゆるブルーボーイ・ブームが起きます。

「カルーゼル」でなんとなく気づかれた方もいらっしゃると思いますが、カルーセル麻紀さんもこの年代です。カルーセル麻紀さんは一九六一年に去勢手術、一九七三年には**モロッコ**※に渡り、性転換手術を受けてたいへん話題になりました（カルーセルさんは、特例法により戸籍の性別を女性に変更されています）。今でもちょっと年配の方からは「奈々ちゃんもモロッコで性転換したの?」と聞かれるくらい〈性転換＝モロッコ〉のイメージは大きいようです。

ゲイボーイといえばピーターさんですね。ピーターさんは女装というわけではなく、男でも女でもない中性的な妖艶な美しさで有名で、一九六九年、「夜と朝のあいだに」で第十一回日本レコード大賞の最優秀新人賞を受賞しました。ちなみに、私が水商売デビューした

※モロッコ
カルーセルさんの性転換手術は当時メディアで大きく取り上げられました。モロッコ＝性転換手術というイメージがこうして作り上げられました。現在、モロッコでSRSしてる人は聞かないわね。SRSならタイが今の主流よ。

お店のママ、真沙美ママもこの年代でして、ピーターさんと同期でした。

当時のゲイバーは、芸能人や社長さんが遊びに行く、贅沢《ぜいたく》な大人の遊び場であり、社交場でした。現在のように、新入社員さんやOLさんがちょっと一万円札握り締めて、というようなお店ではなかったのです。おすぎさんとピーコさんもこの世代です。

4．ミスターレディー世代

その次に、昭和三〇～四〇年（一九五五～一九六五年）生まれの方々。この第三世代が**ミスターレディー世代**です。

この方々が中学生から高校生ぐらいのとき、正確には、一九七一年に日本初のゲイ向け雑誌『薔薇族』（第二書房）が創刊されています。この雑誌には多くのゲイバー情報が載っていて、雑誌の三分の一がゲイバーの広告ページでした。当時、ゲイの出会いの場といえば、こうした雑誌の文通欄くらいしかありませんでしたので、ゲイとゲイとをつなぐメディアとしての役割は

とても大きいものでした。この雑誌の普及でゲイの間では、「二丁目」「ニチョ」といえば、ゲイタウンとしての新宿二丁目を指すようになったのです。

この世代で有名な方は大阪の「ベティのマヨネーズ」のベティママや、「カルシウムハウス」の梶子ママなど、有名店のママさん世代。バブル経済のときにはもうお店のママでした、という方々ですね。

一九八一年のことです。ベティママがレコード（当時、CDはまだなく、レコードでした）を出すということになりました。そのレコーディングを行なう際に、サザン・オールスターズの桑田佳祐さんとの会話のなかから、「ニューハーフ」という呼び方が出てきたといわれています。

カメラマンの篠山紀信さんの撮影で当時評判を呼んでいた雑誌の表紙、「六本木美人」のモデルに起用され世間の注目を集めたのが松原留美子さんですが、彼女には〈ニューハーフ〉というキャッチフレーズがついたのでした。彼女はマスコミに大きく取り上げられ、テレビのバラエティにもよく出ていました。映画『蔵

の中』でも主演女優をつとめました。しかし、当時、テレビでは「ニューハーフ」とはほとんど呼ばず、「ミスターレディー」と呼ぶほうが多かったように思います。

水商売系とは別に、女装サロンとして有名な**エリザベス会館**※もこの時代、一九七九年にできています。九〇年代から日本の女装家の第一人者になる三橋順子さんはここの出身です。トランスジェンダーの宮崎留美子さんもこの世代です。

5．バブル世代

昭和四〇～五〇年（一九六五～一九七五年）生まれの方々。この第四世代が**バブル世代**です。

この世代の方々が成人して働く頃はまさにバブル経済ど真ん中。はるな愛さんがちょうどこの世代に入ります。水商売が輝かしく華やかなりし時代です。この世代の方々が二〇～二五歳くらいのとき、ミスターレディーが大ブーム。お昼の長寿バラエティ番組、『笑っていいとも！』の「テレフォンショッキング」にミスターレディーが登場したこともあったという時代です。

テレビだけではなく、映画にも、矢木沢まりさん、朝川ひかるさん、はるな愛さんといった美しいミスターレディーさんたちがよく出ていました。「ミスターレディー五〇人」、「ミスターレディー大運動会」、「ミスターレディー歌合戦」などTV番組が制作されたのもこ

※エリザベス会館
知る人ぞ知る「女装の館」。老舗中の老舗で、現在も営業中。

の時代でした。
　この時期に、テレビのなかの華やかで美しいミスターレディーさんに憧れて、「私の生きる道はこれだ！」と決め、ミスターレディー業界にデビューする子たちも多かった時代です。そしてこの時期は、ＦｔＭ側もよくテレビに出ていましたね「ミスダンディー」と呼ばれていました。今でいうオナベさんですね。
　当時、二丁目やゲイ業界はたいへん華やかでした。一九九三年には、日本テレビ系列でドラマ**『同窓会』**（ホモセクシュアルが描かれた、当時としては異色のドラマでした）が放映されます。私が初めて二丁目に行ったのが放送直後（一九九四年の春）でしたので、思い出深く鮮明に覚えています。

6．ニューハーフ世代

昭和五〇～六〇年（一九七五～一九八五年）生まれの方々。この第五世代が**ニューハーフ世代**です。ちなみに私はこの世代に属します。

ミスターレディーという言葉が使われなくなり、ニューハーフという呼び方に落ち着いた頃です。まだ性同一性障害という言葉がない時に、ニューハーフデビューした人たち。インターネットが普及する前なので、情報源は当事者に聞く（＝お店で働く）くらいしかありませんでした。この世代までの方々はほとんど水商売経験者といえるでしょう。

私が水商売デビューしたのは九〇年代中頃でしたから、まだバブルの名残りがありました。でもみるみる景気が悪くなるのを感じていました。バブル全盛期を生きてきたお姉さんたちに色々教えてもらったので、「あと十年早く生まれたかった！」とよく思いました。私たちの世代になると、もう「ミスターレディー」とは呼ばれなくなり、「ニューハーフ」と呼ばれるようになっていました（バブル期

＝ミスターレディー、ポストバブル期＝ニューハーフ。誰が区別してこう呼んだのかはわかりませんが）。

ミスターレディーブームはもう去った後ですので、テレビにもそんなに出ることもなくなり、一世代前の華やかさがなくなっていった時代だといえます。それにともなって、ニューハーフのなかからも、夜のお姉さんのイメージではなく、ナチュラル系がちょこちょこ出てきたりするようになりました。椿姫彩菜ちゃん（年下の子は「ちゃん」づけで呼ばせてください）がそうです。彼女の場合、ギリギリこの世代に入りますが、次のU25《アンダー》世代に入れさせていただきます。

7．U25《アンダー》世代

昭和六〇～平成七年（一九八五～一九九五年）生まれの方々。この第六世代がU25《アンダー》世代です。

椿姫彩菜ちゃんや佐藤かよちゃんたちがこの世代の代表です。二〇〇四年七月一六日に「性同一性障害者の性別の取り扱いの特例に関する法律」が施行されたときに、まだ未成年だった世代です。

この世代の子たちは、社会に出るときに、〈オカマやニューハーフとしてではなく、女と

して生きられる〉ということをすでに知っています。彼女たちは、ニューハーフ業界に入って水商売とかはしないで、直接病院に行くことができます。そして、その病院の情報や手術に関する情報もすべてインターネットを通して得られます（実際に得ています）。彼女たちの多くは、ニューハーフ業界未経験、性同一性障害と診断を受け、家庭裁判所に申し立てて性別を変え、女性としての生活を望み、進んでいます。これまでのニューハーフとは異なるニュータイプ。これがU25の大きな特徴といえます。

また、U25世代のGID特徴はその外見。医療技術の進歩もあるのでしょうか、時代的な生活環境の変化からなのでしょうか。世代が下になればなるほど、たとえば骨格についても、一昔前のトランスセクシュアル、ニューハーフとはまったくといってよいほど骨格が違います。U25世代のGIDのなかには手足も小さく、ゴツくない、顔立ちも中性的で骨ばっていない。身長も一六〇センチ前後、顔も小さい。声もオカマ声ではない。そんな一昔前なら奇跡のようなクオリティが生まれつきという子たちが増えてきています。

化粧品も、洋服も、高品質になり、値段も下がり、美容の知識や情報も雑誌やネットにあふれていて、すごく恵まれていますよね。ニューハーフ業界にデビューする前に、化粧の仕方から髪の毛のセットの仕方まで、完璧に近かったりする子も多いです。そして〈オネエ言葉を使わない〉、〈ニューハーフ水商売に入らないでそのまま戸籍を変えたGID〉というスタンスが格好いいと思うのもU25GIDに多い特徴ですね。せっかく結婚できる世の中に変わったんだから、幸せになりたい、結婚したい！　という若いニューハーフちゃんが出てくるのは、自然の摂理なのでしょう。

オマケ

セクシュアルマイノリティ関連作品年表

※作品・出来事欄には、作品種別『作品名』作者（備考）をあげた。
※映画タイトルの下の（L）はレズビアンが描かれた作品。
※同一年に複数作品がある場合は作品名の五十音順とした。
※解説・コメント欄の(吉)は吉井、(鈴)は鈴木のコメントを表す。

年	作品・出来事	解説・コメント
1928	小説『卍（まんじ）』谷崎潤一郎	
1929	小説『孤島の鬼』江戸川乱歩	
1949	小説『仮面の告白』三島由紀夫	(吉)ゲイの同性愛文学と言えば三島由紀夫。重い苦悩が伝わってくるような作品。三島を著名作家にした初期の代表作よ。
1951	小説『禁色』三島由紀夫	
1954	小説『草の花』福永武彦	
1959	買春禁止法施行	新宿二丁目がゲイタウンとして発展するきっかけとなる。
1961	映画『噂の二人』（L）	
1967	舞台『毛皮のマリー』寺山修司	(吉)寺山修司さんと言えば『毛皮のマリー』と『身毒丸』でしょう。美輪明宏さんが男娼の役で主演。妖艶で美しいわよ～♪私も舞台で観たいわ～。でも、できれば2001年の及川光博さんとの公演を観たいわね～。美輪さんと言えば『黒蜥蜴』や『黒薔薇の館』もオススメ。
1969	ストーンウォール事件	NYで起こった同性愛者差別に対する暴動事件。
	映画『薔薇の葬列』	(吉)ピーター（池畑慎之介）さんのデビューのきっかけになった作品よね。映画全体にアングラ風味が充填していてピーターさんがお眈美よね。

年	作品・出来事	解説・コメント
１９７０	TV番組『さかさまショー』（日本テレビ系列）	
	映画『真夜中のパーティ』	
１９７１	雑誌「薔薇族」（創刊）	(吉)「薔薇族」によって、一般の方に「ゲイ＝バラ」のイメージが定着したと思うわ。
	映画『ベニスに死す』	
１９７２	映画『ピンクフラミンゴ』	(吉)巨漢のドラァグクイーン、ディヴァインが主演のカルトムービー。「世界で一番下品な人間を競う」という作品。一応参考程度に見ましたが、もうすぐに満腹。御馳走様状態になりました。興味のある方はどうぞ。
	マンガ『ポーの一族』萩尾望都	１９７４年発刊のコミック３万部は３日で完売したという。
１９７３	小説『帰らざる夏』加賀乙彦（谷崎潤一郎賞受賞）	
１９７４	雑誌「さぶ」（創刊）	兄貴系ゲイ雑誌
	マンガ『トーマの心臓』萩尾望都	
１９７５	第１回コミック＝マーケット開催	すでに「やおい」をテーマにした同人誌があったという。
１９７６	マンガ『風と木の詩』竹宮惠子	(吉)少年愛のテーマを本格的に扱った漫画作品。少年同士の性交渉、レイプ、父と息子の近親相姦といった過激な描写は当時センセーショナルな衝撃を社会に与えたけれど、いまも高い評価を得ている作品なのよ〜。
１９７８	雑誌「ＪＵＮＥ」（創刊。創刊時は「ＣＯＭＩＣ ＪＵＮ」）	男性同性愛を主題にした作品は「耽美」と呼ばれた。
	マンガ『パタリロ』魔夜峰央	

年	作品・出来事	解説・コメント
1978	映画『Mr.レディMR.マダム』	㊔人気舞台を映画にした作品で、本当に面白い。レナートとアルバンのオネエ夫婦のコメディー。ゲイ趣味丸出しの家に、とってもエレガンスな二人。召使のジャコブが良いキャラしてるのよね～♪　続編の2、3も期待を裏切らない面白さですわ。
1979	女装メイクルーム&サロン「エリザベス」開設	㊕知る人ぞ知る「女装の館」。アウターからインナーまで女装用品は何でも揃います。
	映画『クルージング』	
	小説『真夜中の天使』栗本薫	BLの源流ともいわれる名著。
1980	マンガ『日出処の天子』山岸凉子	主人公の聖徳太子が同性愛者として描かれている。
	映画『Mr.レディMR.マダム2』	
1981	マンガ『ストップ!!　ひばりくん!』江口寿史	㊔週刊少年ジャンプで「美少女ヒロインが実は女装した男の子」という当時としてはとても斬新だったギャグマンガ。鈴木先生読んでましたよね? ㊕読んでました!
1982	映画『ファスビンダーのケレル』	
	映画『マイ・ライバル』(L)	
1983	映画『アナザー・カントリー』	
	映画『傷ついた男』	
1984	映画『ハーヴェイ・ミルク』	㊕ゲイ解放運動の指導者ミルクの生涯を描いたドキュメンタリー。『ミルク(2008)』とともに必見。
1985	映画『蜘蛛女のキス』	

年	作品・出来事	解説・コメント
1986	映画『マイ…ビューティフル・ランドレッド』 映画『カラヴァッジオ』 マンガ『TOMOI』秋里和国 映画『Mr．レディMR．マダム3／ウェディング・ベル』	
1987	小説『ロック・ハドソン―わが生涯を語る』	米有名俳優のカミングアウト自伝の翻訳出版。
	小説『キッチン』吉本ばなな（海燕新人文学賞、泉鏡花文学賞受賞）	(吉) 性転換した美貌の母親（えり子）が登場する。映画ではえり子役を橋爪功さんが演じてるのよね。
	映画『モーリス』	(吉) この映画や『アナザー・カントリー（1983）』、『ベント／堕した饗宴（1997）』のような〝ゲイである自分を生きることの苦悩〟を描くタイプの映画は、どうも苦手で。ゲイ人生を楽しんでいるようなポジティブな映画の方が好きです。
	映画『欲望の法則』	
1988	映画『トーチソング・トリロジー』	
1989	小説『YES・YES・YES』比留間久夫（第26回文藝賞受賞）	(吉) 新宿二丁目で働くノンケの男の子の生態を描いた作品よ。そのリアルすぎる内容が話題を生んだの。『YES・YES・YES』っていうウリ専バーもできたくらいよ。
1990	映画『Mr．レディー　夜明けのシンデレラ』	(吉) 当時Mr．レディーブームで、『笑っていいとも！』にも出演して大人気だったMr．レディー、矢木沢まりさんが出演されてますわ。
	映画『ロングタイム・コンパニオン』	

年	作品・出来事	解説・コメント
1991	映画『勢ぞろい!!おかま忠臣蔵』	(吉)こちらも大人気Mr.レディー、朝川ひかるさんが出演、バブル景気のコメディームービー。
	映画『フライド・グリーン・トマト』(L)	
	映画『マイ・プライベート・アイダホ』	
1992	第1回東京国際レズビアン&ゲイ映画祭開催	(鈴)記念すべき第1回映画祭。参加したかったな〜。
	小説『きらきらひかる』江國香織(第2回紫式部文学賞受賞)	(吉)ゲイカップルとその妻3人の関係を描いた作品。映画化もされた。普通の男女の恋愛小説よりも恋愛している3人。『ゲイと結婚?』と思うかもしれないけど、素敵な作品よ。ちなみに同名のTVドラマとは全くの別物。 (鈴)文庫で読みました。この小説はほんと素敵です。
	映画『パリ、夜は眠らない。』	(鈴)ニューヨーク、ハーレムの舞踏会場(ボール)に集う黒人ゲイたちのドキュメント。必見。
	映画『メーキング・ラブ』	
	マンガ『バーコードファイター』小野敏洋	(吉)私が出会うべくして出会った作品。ヒロイン「有栖川桜」が私と同い年という設定。見た目はおしとやかで可愛らしい美少女。しかし桜は「実は男だった」。最終巻の阿鳥と桜との話は思わず泣いたわ〜。20年前の「コロコロ」でこういうマンガが連載されたのは革命的でしたね。
	マンガ『ボンボン坂高校演劇部』高橋ゆたか	(吉)「週刊少年ジャンプ」でここまでやるか!という「これぞオカマよ!」と叫びたくなる、大好きなギャグマンガ。
1993	映画『苺とチョコレート』	
	映画『ウエディングバンケット』	

年	作品・出来事	解説・コメント
	TV番組『上岡竜太郎がズバリ!』TBS系列で「Mr.レディー50人」放送	(吉)日本全国の有名ニューハーフが出ていて、大変豪華な番組でしたね～。Mr.レディー大運動会とか、当時はチャンネルを変えれば、Mr.レディーが映っている時代でした。今のオネエブームとは違い、夜のお店のオネエさん限定でしたね。
	映画『さらばわが愛　覇王別姫』	
	TVドラマ『同窓会』(日本テレビ系列)	(吉)コレをなくして日本のゲイ作品は語れません!と言いたい不朽の名作。これを肴に飲んで語るには一晩じゃ足りないわっ!テーマは同性愛、と言うよりも人間愛よね。DVD－BOXが出てるから絶対に見て!私?もちろん発売日に買ったわよ★
	映画『フィラデルフィア』	(鈴)トム・ハンクスがゲイのエイズ患者を好演。
1994	映画『インタビュー・ウィズ・ヴァンパイア』	
	映画『司祭』	
	雑誌「Badi」(創刊)	(吉)表紙などのデザインが今までのゲイ雑誌と違う若者向けのオシャレ系ゲイ雑誌。国内外のゲイにまつわるニュースも多く掲載していて、何といっても田亀源五郎先生の漫画が素敵なのよ～♪あのマツコ・デラックスやブルボンヌがこの雑誌の元編集者だったことでも有名よね。
1994	映画『プリシラ』	(吉)この頃、私はドラァグクイーンをしながら都内のクラブイベントによく参加していて、「デパートメントH(ドラァグクイーンショーなどを行うクラブイベント)」には毎回参加していましたね。だから、このドラァグクイーンが主役の『プリシラ』は大好きだったの～。プリシラ号に乗りたかったわ～。 (鈴)旅するドラァグクイーン。こういうロードムービー大好きです。

年	作品・出来事	解説・コメント
1995	90年代半ば、「BL」という言葉が市民権を獲得	
	マンガ『コンプレックス』まんだ林檎	(吉) BLマンガのようですけど、違うの！「ヤオイもBLも超えた愛のかたち」と栗本薫先生も御推薦。私はこれを読むたびに、必ず最後は号泣してしまいます。これほどのマンガとはまだ他に出会っていません。二人が小学生の頃から話は始まり、大人になり、孫まで出てくる、そして老いて80歳を過ぎ、亡くなるまでの大河マンガなんです！　人によってはこの作品は、BL（ボーイズラブ）ではなく（ボーイズライフ）だという方もいらっしゃいますわ。
	映画『3人のエンジェル』	(吉) パッと見は『プリシラ』のアメリカ版ですが、内容は『プリシラ』よりもポップで明るい。『プリシラ』には三人の辛い人生の部分も多く出てきますが、『3人のエンジェル』は笑いながら見れるので初心者にはこちらの方が入りやすいかも。こちらも旅するドラァグクイーン！
	映画『ジェフリー！』	
	映画『セルロイド・クローゼット』	
	映画『太陽と月に背いて』	(吉) ディカプリオがゲイ役なの！若くて可愛いの！内容は若くて破天荒な天才小説家と老いた詩人の物語なんだけど、その詩にはほぼ触れてないんですよね、この映画（笑）。かなりの歳の差カップルの波乱万丈な同性愛。ノンケさんからすると画が美しくないでしょうね〜
	映画『同級生（GET　REAL）』	

年	作品・出来事	解説・コメント
	マンガ『ニューヨーク・ニューヨーク』羅川真里茂	(吉)アメリカのゲイ2人が主役。いわゆるBLとは違い、ゲイである人生、隠しながら生活するたいへんさ、非難や偏見との戦いなどをまっすぐに書いていて、社会におけるゲイの立場、そしてゲイである主人公の両親にカミングアウトするあたりの心理描写がとてもリアルです。作者の羅川先生は、アニメにもなった『赤ちゃんと僕』の作者。
1996	映画『東宮・西宮／インペリアル・パレス』	
	映画『バードケージ』	
	マンガ『ファミリー・コンポ』北条司	(吉)『シティーハンター』で有名な北条司先生のテーマとなっている「家族愛」を、異性装や性同一性障害といった幅広いトランスジェンダー要素で演出して描いた作品です。お母さんがニューハーフでお父さんがオナベさんで、子どもは最後まで本当の性別がわからないヒロイン。男の見た目も女の見た目も楽しんでいるのよね～このヒロイン。
1997	映画『イン&アウト』	
1997	映画『ニューハーフ物語　わたしが女にもどるまで』	(吉)はるな愛さんが主演の映画。オカマを揶揄するようなお笑い要素は最初の方だけで、基本的に内容はシリアスです。ニューハーフの恋愛の難しさ、苦悩、生きる目標、見ていて苦しくなるくらいに、うまく織り込まれています。 同年、日本精神神経学会、性同一性障害に関する特別委員会が「性同一性障害に関する答申と提言」を発表して、98年に埼玉医科大学で国内初の性別適合手術が行われます。ここからマンガやドラマ等多くのメディアが、性同一性障害を取り上げるようになり、メディアで、オカマやニューハーフのイロモノ的な扱いがタブー視されるようにもなります。

年	作品・出来事	解説・コメント
1997	映画『ブエノスアイレス』	
	映画『ブリック・アップ』	
	映画『ベント／堕ちた饗宴』	
	映画『ぼくのバラ色の人生』	㊕リュドヴィク役の子がかわいい！性差がはっきりしないこの年頃の子の女装はキュート。
1998	映画『愛の悪魔／フランシス・ベイコンの歪んだ肖像』	
	映画『ゴッドandモンスター』	
	映画『ベルベット・ゴールドマイン』	
	マンガ『ミルク』野原くろ	㊡これまでのセックス要素の強かったゲイマンガとは違う「ゲイの恋愛マンガ」。とてもリアルなゲイライフが描かれています。もうね、人ごとだと思えないリアルさ（笑）。とくにオネエ言葉の使い方や仕草、考え方。BLにはないんですよね、この感じ。ゲイらしいっていうか二丁目らしい感じが滲み出ています。
1999	映画『ボーイズ・ドント・クライ』	㊡実際に起きたFtMの殺害事件をもとにした映画です。私はこの当時も今も、あまりこういう悲しすぎる作品は見ないようにしています。見ると怖くなるから。それが正直な気持ちなのです。こうした性同一性障害者の悲しすぎる実話は、胸が張り裂けそうな思いになります。もし見るのであれば、心して見た方がいいでしょう。
	映画『リプリー』	㊕私のコメントは本文を読んでね。

年	作品・出来事	解説・コメント
2000	映画『アタック・ナンバーハーフ』	㊔はい、大好きです（笑）こういうの。タイのコメディ映画で、タイで実在したLGBTのバレーボールチーム〝サトリーレック〟（＝鋼鉄の淑女）が、差別や偏見を乗り越えて大会に勝利するまでを描く実話。続編『アタック・ナンバーハーフ2 全員集合！（2002）』もオススメよ～。
	映画『2番目に幸せなこと』	
	映画『夜になるまえに』	
2001	ドラマ『3年B組金八先生』（TBS系列）	㊔第6シーズンで、上戸彩演じる性同一性障害に悩むFtMの女生徒が登場して、お茶の間に一気に「性同一性障害」という言葉が広がることになります。GID当事者からの反響も多く、この作品に勇気をもらった当事者、この作品を見て性同一性障害問題を考えようとしてくれたノンケさんも少なくはないでしょう。当時ちょっとひねくれた目線でこの『金八』を見ていた私は、「これはFtMだから良いけど、MtFだとドラマとして描きづらいよね」と思いながら見ていましたね～。
	映画『ヘドウィグ・アンド・アングリーインチ』	㊙この映画、私は好きですよ。でも、このDVD借りっぱなしのあなた、早く返して！
2002	マンガ『オッパイをとったカレシ。』芹沢由紀子	㊔出勤前の本屋で見つけて、電車の中で読んで号泣してしまったのを覚えています。ラストの方で親にカミングアウトするセリフとお母さんからあらためて届く手紙の最後。ちょうど私も21歳で体を変えている年頃だったので、心に響いた作品でした。
	映画『めぐりあう時間たち』（L）	

年	作品・出来事	解説・コメント
2003	マンガ『BISEXUAL』真崎総子	(吉)真崎総子の作品は元から好きで読んでいましたが、このバイセクシュアルはコミカルに描かれていて、BLの中では好きな作品です。とにかく可愛い。ノンケ男性でも読みやすいBLだと思います。
	映画『モンスター』(L)	
2005	映画『カポーティ』	
	マンガ『性別が、ない!』新井祥	(吉)インターセクシュアルの新井祥先生が、ご自身の体験をもとに4コママンガベースに描かれているので、読みやすいし、セクマイの内容もちゃんと説明されているわ。今までにあまりメディアに出てこないオナベさんやFtM、インターセクシュアルの方々のお話が新鮮よ〜。
	映画『トランスアメリカ』	(鈴)アメリカの人気TVドラマ『デスパレートな妻たち』のフェリシティ・ハフマンがMtFを見事に演じ、話題に。
	映画『ブロークバック・マウンテン』	(鈴)イニス役のヒース・レジャーが素敵です。でも、今ここにいないなんて……(合掌)。
	映画『ぼくを葬る』	
	映画『メゾン・ド・ヒミコ』	(吉)ゲイのための老人ホームを舞台に、ゲイである父親を許せない娘と、そこで暮らすゲイたちの様々な生き方を描いていくの。この作品以降、「ゲイの老人ホーム作りたいわよね〜」とか「ニューハーフの老人ホーム作りましょ!」と、実際に全国のママさん達が力をあわせて計画が進んでいるとかいないとか……。
2006	エッセイ『オカマだけどOLやってます。』能町みね子	(吉)アメブロのブログから書籍化されて大人気の作品。大好きだわ〜、能町先生。切り口が今までのニューハーフとは全く違って、昼間目線で、しかも手術前からOLまでやっちゃう能町先生。メイクやオシャレ、恋愛に対する考え方も、今までメディアに出ていた方々とは一線を画していて、素敵なのよ〜♪ さすが!モテナイ系★

年	作品・出来事	解説・コメント
2006	TV番組『おネエ★MANS!』（日本テレビ系列）	(吉)「オネエ」という新しい呼び方を世間に定着させた番組ですよね。しかもニューハーフ＝水商売のイメージを変えさせて、メイクアップアーティストや料理研究家、華道家、ファッションコーディネーターなどの「昼のカリスマオネエ」という新しいジャンルを切り拓いたのも斬新でしたわね。
	ドラマ『私が私であるために』（日本テレビ系列）	(吉)主演も本当のニューハーフです。シンガーソングライターの中村中さんもMtFであることを公表し出演しています。 前に進めないでいる主人公ヒカルを中村中が叱責するの。「あんたバカ?何甘えたこと言ってんの?アンタ自分が一番不幸だとでも思ってんの?同じ境遇?バカいってんじゃないよ!（中略）死に物狂いで決めなきゃ、なりたい自分になんかなれないよ」コレが好き。
	映画『花蓮の夏』	
	マンガ『G.I.D.』庄司洋子	
	エッセイ『ダブルハッピネス』杉山文野	
	映画『バッド・エデュケーション』	
2007	中村中　NHK紅白歌合戦出場	(鈴)『友達の詩』、感動しました。
2008	映画『ミルク』	(鈴)ショーン・ペンがミルクを演じ、超話題に。蛇足だけど、ダン・ホワイト役が極似!必見。
	ドラマ『ラスト・フレンズ』（フジテレビ系列）	(吉)性同一障害の女性を上野樹里が演じて話題になりましたね～。「自分は女だけど女が好き、私も性同一性障害なのかな?」と、病院のGID外来に多数の一〇代のレズビアン達が診察を受けに来たと問題にもなりました。これは、このドラマの中のセリフに誤解を招くようなものがあったからでしょうね。

年	作品・出来事	解説・コメント
2008	エッセイ『わたし、男子校出身です。』椿姫彩菜	㊋女子大生ニューハーフモデルとして登場した椿姫彩菜ちゃんの自叙伝は評判を呼びましたね。
2009	マンガ『BISEXUAL2』真崎総子	
	ドラマ『ママはニューハーフ』（テレビ東京系列）	
	ドラマ『ママは昔パパだった』（WOWOW）	
2010	映画『あしたのパスタはアルデンテ』	
	マンガ『オッパイをとったカレシ―約束―』芹沢由紀子	㊋『オッパイをとったカレシ。（2002）』に続く、芹沢先生の作品。
2011	ドラマ『IS～男でも女でもない性～』（テレビ東京系列）	㊋インターセクシュアルの主人公の苦悩が描かれる。
	映画『J・エドガー』	
	映画『人生はビギナーズ』	

あとがき

鈴木先生と恒星社厚生閣 社長の片岡さんとこの本の構想を始めて丸二年。私も三〇歳になりましたが、改めて性やセクシュアリティについてがっつり真正面から向き合い直しました。セクシュアリティって多様で、でもそんな自分の心と社会とのバランスがとても大事で難しい。でもだからこそおもしろい。

この二年の間にはとてもインパクトの強い「オネエ」という言葉がお茶の間に定着して、ふとテレビをつければ多種多様な性の形をメディアで見られる時代になりました。本当に様々で数年前では考えられないくらいのお茶の間進出。でもね、こういうセクマイは親や大人や社会に守られて育つより、時には傷つき、泣いて、辛い目にもあって、だけど強く生きようと思えるように、強い心をもつことが必要だと思うのよね。

未成年のうち、親が生きている間はまだ良いけど、親の方がだいたい先に亡くなりますし、子どもは社会に出て、ひとりで一人前の大人としてこれから長い間働いて、給料をもらえるようにならなくてはいけません。ただでさえ厳しい世の中、世間って実際はメディアが言うほど優しくないじゃない。そこでセクマイとしてひとり、ちゃんと生きていくためには、度胸と根性、そして愛嬌。肝っ玉がすわっていないとやってられません。いくら戸籍を変えたとしても「オカマ」と罵られてもサラッと嫌味なく笑顔で返せるようにならなくちゃ生きていけません。メソメソしてられないんですよね。温室野菜より、天然の野菜の方が強くて美味しいでしょ（笑）。

自分の性に悩んでいる一〇代のみなさん、自分の部屋でひとりで悩んでいるよりも、外に出て「社会人セクマイ」

の人たちと実際に会って話してみることが一番だよ。世の中には色々な場所で「社会人セクマイ」に出会うことができます。セクマイ同士だから、性で悩んだ同士だから、特に何も言わなくても一緒にいる空気で安心できるんだよね。お酒が飲める歳になったら新宿二丁目に出てみるのもオススメだし、一〇代の頃はゲイパレードを遠くから眺めてみるくらいでもいい。そこに行ってみることが大事なのよ。

「うわー！　自分と同じ悩みをもっているはずの人たちが、こんなに大勢いて、みんな楽しそうに輝いた笑顔なんだ、ひとりじゃないんだ、自分は変じゃないんだ」とか、何かを感じ取れるはず。私が一〇代で悩んだ時期は、そうやって色々な所に出向いて、様々なセクマイの方々と出会って、人生をエンジョイしている人たちと話していって、自分探しの一〇代を過ごしてきました。そしたらいつの間にかゲイパレードやレインボー祭りに参加する側になってたよね（笑）。

笑顔で人生を楽しめるようになるには、人生を楽しんでいる先輩方と会って話すことが大事。ネットで「会って話した気になっている」だけじゃダメよ。せっかくセクマイとして生まれたんだもの、社会はゆっくりしか変わらないわ、だから今の時代を楽しみましょう♪

この本を手にとって頂いた読者様、恒星社厚生閣 社長の片岡さん、本当にありがとうございました。大感謝です♡　それから、可愛いイラストをいっぱい描いてくれたＰＥＳＯＸちゃん、本当にありがとう♪

二〇一二年三月六日

吉井奈々

あとがき

二人のコラボは私が奈々さんを特別講師として授業にお招きしたことから始まりました。そして、この本は私たちのこれまでの授業と対話をもとにして作られました。

奈々さんの体験に基づいた話は、私の理論を根底から揺るがし、これまでの理論的支柱をこっぱみじんにしてしまいました。奈々さんに出会う前の私は、「トランスジェンダリスト」であり、「性の自己決定権」を擁護したりしていました。〈自分の性別は自分で決める〉という主張がそれです。

奈々さんは私の考えには問題があることをすぐに見抜きました。彼女曰く、性別は自分で決めるものではなく、親密なパートナーとの関係のなかで、そして社会において決まる、と。性の自己決定の主張は間違いではないかもしれない。しかし、性（別）は「社会」において決定されるものである。たとえば、いくら「女」であると言い張ってみても、みかけが「おっさん」であれば、その「女装」は社会的に許されないだろう、というわけです。

奈々さんは、授業でこうも語りました。さまざまな家族・パートナーシップは認められねばならない。けれども、この世（社会）の基本は男と女。男と女が結婚という制度をとおって、〈家族〉するのが一般的であり、こうした〈家族〉が良いとされる。こうした社会は今後も変わらないだろう、と。そして、奈々さんは授業をこう結びます。「社会を変えようと思っちゃダメ。楽しむこと」。

社会学者の主張は、多様な性＝生を認め、男と女を越えていく〈トランスジェンダー〉な生き方を可能にする社会の実現を、です。でも、多様化が進むと、今度はひとつの理想的な生き方や社会のあり方が求められるようになります。社会学者は、多様性を擁護しようとするあまり、一様性を拒否しがちです。奈々さんの主張は、〈トランスジェンダー〉の社会学ではなく、〈トランスセクシュアル〉の社会学です。本来の性に戻るという点で、「保守的」であり、多様性ではなく一様性に向かうベクトル。それがトランスセクシュアルです。私はこうして〈トランスジェンダー〉の社会学から〈トランスセクシュアル〉の社会学にたどりついたという次第です。奈々さん、どうもありがとうございます。

最後になりましたが、私たちの一方的な出版の申し入れを快諾下さった恒星社厚生閣社長、片岡一成氏には心より感謝いたします。

二〇一二年三月六日

鈴木健之

吉井 奈々（よしい・なな）

1981年、神奈川県生まれ。トランスセクシュアルＧＩＤ。中学校の同級生と結婚。

「ニューハーフ」の仕事を経て、現在は、エッセイスト、webデザイナー。

大学では特別講師として主に「セクシュアリティ」、「ジェンダー」、「キャリア」等について講義している。

女性と男性の生き方について考えるグループ「ジェンダー・キャリア・デザイン」の主任研究員も務めている。

鈴木 健之（すずき・たけし）

1961年、宮城県生まれ。

法政大学大学院社会科学研究科博士後期課程修了。博士（社会学）。

専門は、現代アメリカ社会論、セクシュアリティ論。

現在、目白大学短期大学部ビジネス社会学科教授。

「ジェンダー・キャリア・デザイン」では代表を務めている。

G.I.D. 実際 私はどっちなの!?

性同一性障害とセクシュアルマイノリティを社会学!

2012 年 4 月 4 日　初版第 1 刷発行
2013 年 7 月 7 日　　　第 2 刷発行

著　　者　　吉井 奈々・鈴木 健之
イラスト　　PESOX
発 行 者　　片岡　一成
印刷・製本　株式会社シナノ
発 行 所　　株式会社恒星社厚生閣
〒 160-0008　東京都新宿区三栄町 8
TEL　03（3359）7371（代）
FAX　03（3359）7375
http://www.kouseisha.com/

ISBN978-4-7699-1275-0 C0036

（定価はカバーに表示）